Steffi Feistel-Kasparek

Weiße Magie für Frauen

Rituale und Meditationen für den Alltag

VERLAG PETER ERD · MÜNCHEN

Die in diesem Buch aufgeführten Ratschläge wurden von Autor und Verlag sorgfältig geprüft. Eine Garantie bzw. Haftung kann jedoch nicht übernommen werden.

2. Auflage 2001
Umschlaggestaltung: Franziska Pucher
Umschlagfoto: Franziska Pucher
Redaktion, Korrektur: Steffi Feistel-Kasparek
Lektorat, Satz, Gestaltung: Karin Grassl

ISBN 3-8138-0500-X

Inhalt

I. Einleitung **9**
»Zauber im Alltag« 9
Magie zwischen Angst und Faszination 11

II. Ritual-Grundkonzept, Ausstattung, Vorbereitungen **16**
»Ritueller Ablauf im Alltag« – Zwei Beispiele – 16
Ausführung von Ritualen: Gründe, Nutzen und Gefahren 17
Voraussetzungen, Gegenstände und Symbole 18
Zeitpunktbestimmung 20
Weihung von Ritualgegenständen 21
Raumräucherung 23

III. Bannungs-/Schutzrituale **24**
Reinigungsritual: »Unterdrückte Gefühle« 24
Schützender magischer Kreis 25
Auraschutz 25
Aurareinigung 27
Reinigung des Basis-Chakras (Muladhara) 29
Schutzschild-Ritual der Runen-Schamanen 30
Außergewöhnliche Phänomene 31
Schutz für Räume und Gegenstände 32
Bannungsritual: »Unerwünschte Energien« 32

IV. Mondzauber **35**
Mondwissen 35
Weibliche Mysterien 37
Zwei meditative Rituale 38

V. Gesundheit, Schönheit, Kraft **44**
Indianische Schwitzhütte – Geheimnis Sauna 44
Ritual: Magische Körperreise 46
Feuermeditation 50
Was Frauen noch besonders interessiert 53
Körper-Entspannungsübung 57
Integration – Desintegration von Schwingungen 58
Astro-Medizin 59
Ritual: Lebenskraft und Gesundheit 61

VI. Energiezentren und Lichtbringer **64**
Chakra (Sanskrit) = Kreis, Rad 64
Die heilende Kraft der Steine 72
Chakrascheiben, Ketten, Talismane 86

VII. Kräuterwissen/Heiltees/Magie der Düfte/ Heilwirkung der Erde **89**
Heilkräuter 89
Heilkräfte der Teezubereitung 91
Düfte – Heilmittel, Sinnesreiz und Zauberkraft 94
Rituelles Reinigungsbad 98
Bademischung für erholsamen Schlaf 98
Wirkung und Anwendung der Erdkräfte 99
Meditative Einstimmung zum Gesundheits- und Heilbad 102

VIII. Liebe / Partnerschaft **103**
Wer möchte nicht geliebt werden? 103
Ich und Du 104
Ritual: Anziehung eines bestimmten Partners 106
Ritual: Anziehungskraft entfalten 109
Ritual: Feuer in bestehender Beziehung wieder anfachen 111
Trennungsmagie 113

Ritual: Beendigung einer Beziehung 114
Trennungsängste 118
Ritual: Neuer Lebensabschnitt 119

IX. Heim und Familie **122**
Heim als Hort 122
Frauen, Söhne und Töchter 122
Vorschule, Gedicht zum Nachdenken 123
Kinder und Gesundheit 124
Luftkurbad – Hilfe bei Erkältungskrankheiten 125
Sonne/Mond – Lichtenergiemassage 126
Stärkung des Immunsystems 128
Ritual: Atmosphäre im häuslichen Bereich verbessern 129

X. Schule – Ausbildung – Beruf **132**
Hilfe bei Lernschwierigkeiten 132
Streß- und Spannungsabbau – Kurzprogramme 132
Ritual: Mentale Fähigkeiten und Kreativität 134
Arbeit – Sinn und Ziel 136
Ritual: Erfolg in der Arbeit 137
Intrigen 140
Ritual: Schutz gegen Mißgunst und Mobbing 141

XI. Lebensabend **145**
Gesundheit und Wohlbefinden 145
Lebenssinn und Erfüllung 146
Harmonie und die Kraft der heilenden Liebe 149
Blumen-Meditation 150
Ritual: Inneren Frieden finden 151

XII. Schlußwort **154**
Der Weg in die Zukunft 154

I. Einleitung

Zauber im Alltag

In unserem Alltag liegt ein verborgener Zauber. Er ist ständig und überall um uns herum: in der Existenz unseres Lebens an sich, in der Natur, unserer Einbettung im Universum, in den uns begegnenden Menschen und Situationen, mit denen wir konfrontiert werden. Oft viel später begreifen wir erst die Zusammenhänge. Selbsterkenntnisse und Glauben an sich und die Bestimmung des Lebens, sich den verborgenen Kräften des Lebens zu öffnen, zu verbinden und in den Alltag einfließen zu lassen, gehören dazu. Es ist wichtig zu unterscheiden, für welche Dinge und Ziele im Leben ein Einsetzen sich wirklich lohnt. Dazu gehören Selbständigkeit und eigene Entscheidung. Wir können die Welt mit unseren Sinnen erfahren.

Dabei ist die Liebe zur Erde und Achtung der natürlichen Umwelt, der Menschenwürde und aller uns umgebenden Lebensformen eine wichtige Voraussetzung. Denn bei allen spirituellen Erfahrungen ist unsere Erde Ausgangspunkt, und hier müssen wir zurückkehren, um diese Erfahrungen sinnvoll in die Realität einzubringen und uns nicht den Gefahren der Verrücktheit, beziehungsweise einer Gefühlsüberflutung, auszusetzen. Doch welche Bereicherung unseres Lebens ginge uns verloren, würden wir uns nicht mit den hinter dem Alltag verborgenen Abläufen auseinandersetzen!

Mit dem hier vorliegenden Buch verbinden sich die Bemühungen, den spirituellen Weg ernsthaft Suchenden Hinweise und Empfehlungen zu geben, und vertretbare, auch für Laien machbare Rituale und Hilfe aus dem magisch-schamanischen Bereich zu geben, mittels derer das Selbstbewußtsein gestärkt wird und man den Anforderungen der Realität besser gerecht werden kann. Es handelt sich hierbei um rituelle Magie, das heißt einfach ausgedrückt, nichts anderes als Handeln zum richtigen Zeitpunkt, mit den rechten Mitteln, am rechten Ort und vor allem in Übereinstimmung mit den kosmischen und irdischen Gesetzen.

Zwei Beispiele aus dem Alltag sind in Kapitel II zur Veranschaulichung aufgeführt. Bitte seien Sie sich bewußt, daß rituelle Magie stets nur einen Teilaspekt des großen Gebietes der klassischen Magie bildet. Die Kraft, die bei einem Ritual entsteht, muß stets weitergeleitet bzw. umgewandelt werden. Hierzu helfen die praktischen Hinweise und Übungen in diesem Buch. Zur Entspannung und zur spirituellen Entwicklung sind meditative Rituale eingefügt. Zum jeweiligen Kapitel werden Möglichkeiten und Grenzen sowie gegebenenfalls Warnungen aufgezeigt. Bitte prägen Sie sich ein:

Wer Magie ausüben will, auch nur in kleinem Umfang, muß in seinem persönlichen Leben aufrichtig sein. Es kann und darf an dieser Stelle keine Religion bevorzugt werden, denn der spirituelle Weg steht allen offen. Das Wichtigste ist, daß ohne Glauben – gleich welcher Religion oder Philosophie – in der erhabenen Magie nichts zu bewirken ist, schlimmer noch, es fällt den dunklen Kräften des Chaos anheim.

Erfolg sei Ihnen beschieden, wenn Sie keine zwingenden Ansprüche oder Vorschriften hinsichtlich Ihrer Vorstellung von der Erfüllung Ihrer Bitte stellen, sondern dankbar göttliche Inspiration, Fügung und Leitung annehmen. Es wird das Beste für Sie verwirklicht werden, wenn auch manchmal in einer für uns Menschen zunächst unverständlichen Form.

Magie zwischen Angst und Faszination

Wovor haben Sie Angst? Das Wort Magie schockt und zieht Sie gleichzeitig an. Vor Magie im hohen Sinne, mit ethischer Verantwortung, haben Sie sicherlich keine Angst. Was Sie scheuen, ist die Angst vor Ihrer eigenen Vorstellung, vor Ihrem Schatten! Als Beispiel: Wenn Sie Angst vor Elektrizität haben, stecken Sie doch auch nicht den Finger in die Steckdose. Das Licht aber knipsen Sie ohne Ängste an. Destruktiven Handlungen, worunter »schwarze Magie« zu verstehen ist, begegnen Sie jedoch überall. Angefangen bei Mißbrauch von Kindern, über brutale Mafia-Methoden – leider auch in unserem Land – bis hin zu den wiedergeborenen Schwarzmagiern, die vom Erzeugen künstlicher Menschen (siehe Homunkulus in Goethes »Faust«), Gen-Manipulationen, bis hin zur Produktion von Bomben (Energie-Beherrschung/-Lenkung) die Magie mißbrauchen. Leider wird hier weder Klarheit geschaffen, noch dem Ganzen Einhalt geboten. Es wäre besser und auch hilfreich, wenn die großen kirchlichen Institutionen sich mit der esoterischen (okkulten) Thematik auseinandersetzen würden, anstatt vor lauter Angst – nicht zuletzt vor dem Verlust ihrer Pfründe – alles zu »verteufeln«. Angst aber ist ein schlechter Ratgeber.

Leider geht es hier allzu oft um »Macht-Monopol-Stellungen«, die ganz sicher auf die bis jetzt praktizierte Weise nicht gehalten werden können. Die katholische Kirche zum Beispiel verfügt, abgesehen von den rituellen Abläufen, über genügend okkultes (geheimes) Wissen. Ich denke dabei nicht zuletzt auch an die großen Mystiker(innen). Aber das »Volk« darf wohl nichts darüber wissen, daß eine persönlich erfahrbare Verbindung mit der Gottheit, dem Göttlichen, möglich ist. Der Weg zu Gott soll ausschließlich über den Priester führen. Dieser soll lehren, vermitteln, entscheiden. In der jungen Priesterschaft findet jedoch bereits ein fortschrittliches Umdenken statt. Man setzt sich mit anderen Philosophien und alten Lehren auseinander, diskutiert und sieht sich selbst in der Rolle eines Erklärers, Beraters und Beistandes auf dem spirituellen Weg und bei der Suche nach persönlicher Gotteserfahrung. Hierin sehe ich unter anderem eine Möglichkeit, alte Strukturen aufzubrechen, eine Erneuerung des Denkens herbeizuführen und eine Basis zu schaffen, vor allem auch der Jugend neue Wege anbieten zu können und ein Kontra gegen gefährliches Sektenunwesen zu setzen, die sich mittels »Gehirnwäschen« Macht und Einfluß verschaffen.

Es ist wichtig für Esoterikanhänger, hier Klarheit zu schaffen und mit fortschrittlichen Kräften weltweiter Religionsgemeinschaften konstruktiv zusammenzuarbeiten. Die Magie ist Mutter und Vater nicht nur der modernen Wissenschaften, einschließlich Philosophie und Psychologie, sondern auch des gesamten modernen esoterischen Wissens.
Die modernen Laien – »Ritualisten«, – »Spiritisten«, – »Gurus«, – »Heiler« sowie kommerzielle Trittbrettfahrer, die ohne Ausbildung, Erfahrung und Können Manipulationen an anderen Menschen vornehmen, sind mangels Wissen

nicht in der Lage zu überschauen, was sie anrichten. Verantwortlich sind sie trotzdem. Es liegt ein großes Mißverständnis in der gesamten spirituellen Bewegung vor, denn der spirituelle Weg ist der innere, sich außen spiegelnde Weg eines jeden Menschen. Darunter sind ernsthafte, lebenslang währende spirituelle Auseinandersetzungen mit Glaube, Sinngebung und Ausdruck unseres Lebens – auch oder gerade im Alltag – zu verstehen. Ganz bestimmt nicht gemeint ist die »Meisterschaft im Schnellkurs«, um dann sofort spiritueller Lehrer/in für andere sein zu wollen.

Auch die weit verbreiteten Energiemanipulationen, wie z.B. spiritistische Sitzungen durch Laien, bilden einen großen Gefahrenherd, zumal hier Verstorbene, anstatt diese zu ehren, zum Kaffeeklatsch und als Studentenulk gerufen werden. Welche Energien da wohl erscheinen mögen ... Zu dieser Thematik gehören auch die sogenannte »Bewußtseinserweiterung« und die schon nicht mehr überschaubare Flut an Channel-Medien. Leider finden sich manche bereits an der pathologischen Grenze. Außerdem wurde mir bekannt, daß es sogenannte Spezialisten geben soll, die für andere channeln und nebenher telefonieren! Noch gefährlicher: Es werden bereits häufiger Rückführungen in vergangene Leben als Massenerlebnisse durchgeführt, was für den einzelnen Teilnehmer, abgesehen von psychischen Gefahren, auch körperliche, plötzlich auftretende Beschwerden oder gar Anfälle mit sich bringen kann, die nicht beobachtet werden. In den meisten Fällen fehlt auch die notwendige Erste-Hilfe-Ausbildung der Leiter/innen.

Ein Großteil der Bevölkerung aller Generationen strebt auf diese Weise an, sich von Alltagssorgen zu befreien, was dann häufig zu einer »Flucht aus dem Alltag« wird und schließlich in eine irreale Welt oder andererseits in den überhöhten Anspruch einer Selbstdarstellung als »Auserwählte« oder »Erleuchtete« führt. Ein neuer Massentrend zeichnet sich in Richtung »Heilen« ab. Vor manchen Esoterik-Messen sieht man en masse Handaufleger/innen, oftmals Menschen, die nicht einmal ihre Selbstheilungskräfte in Gang bringen können.

Die Vorstellungen über MAGIE sind vielfältig. Über Lächerlichmachen zur »Gläubigkeit«, oder anders gesagt »Hörigkeit, bis in finsterste Bereiche gestörter menschlicher Psyche und deren Praktiken. Die sogenannten Wunderanbeter hingegen verlangen immer nach Neuem, aber das zu oft Bewunderte verliert schnell seine Faszination.

Die Vorstellungen der Hilfesuchenden sind oft mehr als unklar, nicht zuletzt auf Grund der vielen Versprechungen, daß jedes Problem leicht und mit Sicherheit zu lösen ist.

Die MAGIE vermag in der Tat viel zu erreichen. Durch die Techniken der Meditation, der magischen Praktiken oder der Analyse geben wir dem verborgenen Teil unserer Psyche Gelegenheit, zu uns zu sprechen.

Durch alte magische Praktiken können Hintergründe, karmische Verwicklungen, gegenwärtige Hindernisse aufgedeckt und Hilfestellungen sowie praktische Hinweise zur Problembewältigung gegeben werden. Jedoch ist eine Prüfung der Situation auf jeden Fall notwendig. Zu fragen ist auch, ob nicht zusätzlich ein Arzt, ein Rechtsanwalt bzw. andere fachkompetente Leute aufgesucht werden müssen.

Zusammenfassung einer Erläuterung nach Eliphas Lévi:

»Magie ist das Wissen der alten Eingeweihten. Sogar das Christentum, das alle lügnerischen Orakel und allen Zauber falscher Götter ausmerzte, verehrt die Magier, die von einem Stern geführt vom Orient herbeieilten, um den Weltheiland in der Wiege anzubeten.

Die Überlieferung nennt diese Magier Könige; ist doch die Einweihung in die Magie wahres Königtum und wird doch die große Kunst von all ihren Jüngern die königliche, heiliges Königtum, sanctum regnum genannt. Ihr Stern ist jener leuchtende, dem wir in allen Einweihungen begegnen. Er ist die Quintessenz der Alchimisten, das große Geheimnis der Magier, das heilige Pentagramm der Kabbalisten.

Magie vereinigt Sicherheit der Philosophie und Unfehlbarkeit und Ewigkeit der Religion in einer Wissenschaft. Sie versöhnt die beiden anfangs so entgegengesetzt scheinenden Begriffe Glaube und Vernunft, Wissen und Glauben, Autorität und Freiheit vollkommen und unwiderleglich.«

II. Ritual-Grundkonzept, Ausstattung, Vorbereitungen

»Ritueller Ablauf im Alltag« – Zwei Beispiele –

Rituale werden überall, zu jeder Zeit, von allen Personen durchgeführt. Das Grundkonzept lautet: a) die rechte Person, b) mit den rechten Mitteln, c) am rechten Ort, d) mit rechtem Handeln, e) Einsatz der rechten Energie, f) zur rechten Zeit.

1. Beispiel »Kuchen backen«

Umsetzung des Konzeptes:

Zu a) Fachleute, z.B. versierte Hausfrau, Bäcker, Konditor; zu b) Herd, Ofen, Backformen sowie entsprechende Zutaten, z.B. Mehl, Zucker, Eier usw.; zu c) in der Küche, Backstube; zu d) Teigzubereitung und Verteilung in die passende Form; zu e) Feuerenergie (Herdfeuer, Strom, Gas etc.); zu f) Zeitbestimmung für Länge der Backzeit.

2. Beispiel »Vorstandssitzung«

Umsetzung des Konzeptes:

Zu a) Sitzungsteilnehmer, z.B. Vorstand, Vorsitzende/r, Protokollführer/in; zu b) Planung, Konzept, Vorlagen, Notizen etc.; zu c) Besprechungsort und -raum; zu d) Vortrag zum anstehenden Thema, bzw. Problem, Wortmeldungen, Diskussion, Zusammenfassung, Beschluß; zu e) Luftenergie (Wissen, Kommunikation, geistiger Gehalt); zu f) richtiger Zeitpunkt, z.B. Beginn der Sitzung ist so festzulegen, daß man annehmen kann, daß die Anwesenden mit geistiger Frische dem Handlungsverlauf folgen können, damit die Beschlußfassung optimale Wirkungen erzielen kann.

In der Ausarbeitung vorstehender Punkte sieht es natürlich so aus, daß zu jedem Punkt gesonderte Konzepte und Rituale entworfen werden können bzw. müssen, je nach Schwierigkeitsgrad der Anforderung.

Ausführung von Ritualen: Gründe, Nutzen und Gefahren

Grundsätzlich sollte es kein »Abfinden« mit einer unbefriedigenden Situation geben, sondern es ist stets eine eigene Entscheidung zu treffen. Sollte allerdings die Problemstellung selbst Hinweise enthalten und die Einsicht bestehen, daß zum jetzigen Zeitpunkt ein Abwarten angemessen ist, muß man zu dieser Entscheidung entschieden stehen. Sonst fühlt man sich hin- und hergerissen, und es kann weder ein geduldiges Ausharren, noch ein tapferes Überwinden der herrschenden Situation erfolgen.

Es gibt eben Zeiten des Handelns, so wie es Zeiten des Ausharrens gibt. Das muß man zunächst lernen zu akzeptieren. Erst dann kann eine gewünschte Bewegung in Richtung

Handeln erfolgen. Jedoch können bereits in der Zeit des »Stillhaltens« Vorbereitungen getroffen werden.

Zu prüfen ist stets: Bin ich bereit, mich und meine Lebensumstände zu ändern oder soll es so bleiben, wie es ist, mit allen Vor- und Nachteilen. Akzeptiere ich die augenblickliche Situation, muß ich mich bemühen, damit klarzukommen und mir dabei bewußt sein, daß die unliebsamen Begleiterscheinungen bleiben werden. Habe ich den Wunsch einer Änderung meiner jetzigen Lebensumstände, können bereits Planungen hierzu angestellt werden. Ist der Augenblick der Veränderung gekommen, sollte man mutig voranschreiten, eventuelle Mißerfolge in Kauf nehmen und beim nächsten Energie-Aufschwung durchstarten.

Hat man sich gut vorbereitet und den rechten Zeitpunkt abgewartet, steht die Änderung im Einklang mit den kosmischen und irdischen Gesetzen. Ausschließlicher Eigennutz, Machtstreben, Mißachtung berechtigter Wünsche anderer bedeutet Mißbrauch der Magie, und Handeln dieser Art, was man mit »Schwarzer Magie« bezeichnet, schlägt unweigerlich auf den Ausführenden zurück. Nutzen und Gefahren allgemeinen Handelns und spezieller Rituale werden in den einzelnen Kapiteln gesondert beschrieben.

Voraussetzungen, Gegenstände und Symbole

Als Grundlage für den Erfolg eines Rituals sind zunächst nachstehende Voraussetzungen zu schaffen:

Ein Zimmer oder eine Raumecke, wo man zu gewissen Zeiten ungestört bleiben kann. Weiter benötigt man einen Altar (der möglichst in Nordrichtung stehen sollte). Dieser kann durchaus aus einem gewöhnlichen Tisch bestehen (bzw. einer Truhe, deren obere Fläche genügend Platz für die Kultgegenstände hat), den Sie zunächst einmal mit klarem Wasser reinigen und anschließend ein reines weißes Tuch darüber decken.

Ideal wäre es, wenn Sie ein Schränkchen mit entsprechenden Maßen (ca. 1 m lang, 50 cm breit) dafür herrichten könnten. In diesem Schränkchen könnten dann Gegenstände und Material für Rituale aufbewahrt werden. Falls es sich bei dem Altar um einen Tisch handelt, sollte man sich einen genügend großen Behälter beschaffen, der ausschließlich zur Aufbewahrung der Kultgegenstände dient. Die Kultgegenstände werden dazu in ein Seidentuch eingeschlagen.

Während der Durchführung einer Zeremonie sollten nur die benötigten Ritualgegenstände aufgestellt werden, denn die Altarfläche bedeutet den Bewußtseinsbereich, mit dem gearbeitet wird. Sie gleicht einem Schild, das die Erdenergie symbolisiert. Hier wird mit jedem Gegenstand ein Energiemuster aufgebaut und darf nicht zu einem Platz für ein Sammelsurium werden.

Vorne rechts und links auf der Altarfläche wird jeweils eine weiße Altarkerze aufgestellt sowie gesondert eine weiße Kerze, die als »Lichtstab« zuerst mittels eines Streichholzes angezündet wird und mit der alle weiteren Kerzen zum Brennen gebracht werden.

Symbole: Es kann ein Gegenstand, der einen besonderen Wert für Sie besitzt, aufgestellt werden, z.B. eine Figur, ein Stein, Federn, ein Kreuz. Diese Gegenstände werden im hinteren Bereich des Altars aufgestellt. Kerzenleuchter sollten standfest sein und den Kerzengrößen entsprechen.

* Kerzen (Farben im jeweiligen Ritual angegeben)
  Grundausstattung: weiße Kerzen

* Weihrauchgefäß, Holzkohleplättchen

* Räucherwerk (im jeweiligen Ritual angegeben)
  Grundausstattung: Weihrauch, Rosenblätter, Lavendel. Im übrigen können auch Räucherstäbchen verwendet werden.

* Ritualöle (im jeweiligen Ritual angegeben)
  Grundausstattung: Patschouli, Bergamotte, Ylan-Ylang

Zeitpunktbestimmung

In den beschriebenen Ritualen wird jeweils der günstigste Zeitpunkt angegeben. Die herrschenden Mondstände und Aspekte können Sie astrologischen Zeitschriften, beziehungsweise Kalendern, entnehmen.

Weihung von Ritualgegenständen

Wenn möglich, besorgen Sie sich klares, natürliches Wasser aus einem See oder Fluß. Beim Schöpfen sollten Sie die magische Kraft des Wassers als strahlend weißes Licht visualisieren. Sollten Sie keine Möglichkeit der natürlichen Wasserbeschaffung finden, so können Sie anstelle dessen »stilles« Mineralwasser (kein destilliertes, also »totes« Wasser) verwenden.

Das Salben der Kerzen muß ebenfalls eigenhändig geschehen. Das entsprechende Öl ist im jeweiligen Ritual angegeben. Es ist etwas Öl in die Handflächen zu geben und zunächst von der Kerzenmitte dreimal in nördlicher Richtung, also nach oben, und anschließend von der Kerzenmitte in Richtung Süden, also nach unten, zu salben.

Beim Weihen der Ritualgegenstände geht man wie folgt vor: Zunächst schreiben Sie sich den Weihungstext auf. Sie können ihn dann bei neuen Gegenständen oder Symbolen wieder verwenden. Es spielt hierbei keine Rolle, ob man Anhänger irgendeines Glaubenssystems, in welcher Form auch immer, ist. Wichtig und absolute Voraussetzung ist der Glaube an ein höheres Wesen. Die Wirkung der Weihung besteht in der Stärke der Gedankenkonzentration und der entsprechenden Schwingungsübertragung.

Beispieltext: »Im Namen der liebenden Schöpferkraft weihe ich diesen Gegenstand ... (Bezeichnung des Gegenstandes) und bitte, ihm die magische Kraft zu verleihen.«

Nach der obligatorischen Raumreinigung mit Weihrauch (unter »Vorbereitungen« aufgeführt) stellen Sie drei weiße Kerzen in der Mitte Ihres Zeremonientisches auf. Zünden Sie zunächst von rechts nach links die Altarkerzen an. Stellen oder legen Sie den Ritualgegenstand vor der mittig stehenden weißen Kerze.

Sprechen Sie nun in höchster Konzentration den Weihungstext. Danach wird der Gegenstand leicht mit dem Wasser besprengt. Die geweihten Gegenstände dürfen keinesfalls außerhalb ihrer Bestimmung verwandt werden und keine andere Person darf sie in die Hand nehmen, da sie sofort entweiht wären.

Einstimmung und Vorbereitung

Ungeduld und zwanghaftes Verhalten stehen einem Erfolg selbst bei einfachen Ritualen entgegen, denn sie erzeugen unerwünschte Energien. Kosmische Kräfte lassen sich nicht zwingen; sie fließen nach Gesetzmäßigkeiten, die beachtet und geachtet werden müssen.

Es heißt Geduld zu üben, denn die gewaltigen kosmischen Kräfte lassen sich nicht durch Unerfahrene leiten. Erst, wenn wir uns als Teil eines Ganzen empfinden, sind wir imstande, eine Wirkung zu erzielen. Die Wirkung lichtvoller Rituale stellt sich erst nach einer Weile ein, so daß man oftmals gar nicht mehr den Zusammenhang zwischen dem ausgeführten Ritual erkennen kann, sondern sie scheint sich einfach aus dem normalen Ablauf zu ergeben. Wichtig ist auch die Stimmung, in der Sie sich bei einem Ritual befinden.

Gehen Sie positiv eingestellt, erwartungsvoll und mit Überzeugung an das Ritual. Eine konzentrierte, disziplinierte geistige Einstellung ist unabdingbar. Die Ziele, die man anstrebt, müssen einer liebevollen Hingabe und Zuwendung zu sich selbst, den Nahestehenden, den Freunden, der Menschheit bzw. zur kosmischen Ordnung entspringen. Zu einer inneren lichtvollen Einstellung gehört selbstverständlich auch die äußere Körperreinigung und eine entsprechende saubere Bekleidung.

Raumräucherung

Vor Beginn eines Rituals wird eine Räucherung zur Raumreinigung durchgeführt, indem man im Räuchergefäß die Holzkohleplättchen anzündet und den Weihrauch darauflegt.

Zur Erreichung einer gelösten, positiven Stimmung, die Voraussetzung für das Aufbringen einer hohen geistigen Konzentration ist, und gleichzeitigem Schutz gegen unerwünschte Einflüsse, wird die Ausführung der lichtvollen Rituale »Schützender magischer Kreis« und »Auraschutz« aus Kapitel III empfohlen.

III. Bannungs-/Schutzrituale

Reinigungsritual: »Unterdrückte Gefühle«

Einem Glas Wasser sind drei Prisen Salz hinzuzufügen und gegen den Uhrzeigersinn umzurühren. Setzen Sie sich mit dem Glas im Schoß im Schneider- oder Fersensitz hin und atmen Sie ruhig ein und aus. Dann lassen Sie alle Ihre Sorgen, Zweifel, Wut und unterdrückten Gefühle der Furcht und Enttäuschung in sich aufsteigen.

Beim tiefen Ausatmen lassen Sie sie in das Salzwasser strömen, in dem alles Schlechte und Bedrückende aufgelöst wird. Lassen Sie alles ausströmen, was belastet, bis Sie sich befreit fühlen.

Beim Einatmen heben Sie den Becher hoch und fühlen, wie Kraft aus der Erde in Sie einströmt. Beim Ausatmen lassen Sie die Kraft in das Salzwasser einfließen, bis Sie es mit weißem Licht umflossen visualisieren können. Wenn Sie nun an dem Wasser nippen, spüren Sie die reinigende Kraft der Veränderung in sich.

Falls Sie die Möglichkeit haben, gießen Sie das Wasser in einen Fluß. Andernfalls graben Sie ein kleines Loch in den Erdboden, schütten das Salzwasser hinein und schließen das Erdloch wieder. (Anmerkung: Die Erde absorbiert und neutralisiert.)

Schützender magischer Kreis

Setzen Sie sich entspannt auf einen Stuhl oder im Lotos- bzw. Fersensitz auf den Boden. Die Hände ruhen mit dem Handrücken auf den Schenkeln. Die Handflächen sind schalenförmig geöffnet. Nun schließen Sie die Augen.

Beim ruhigen, tiefen Einatmen spüren Sie Ihr lichtvolles Herzzentrum. Lassen Sie den Atem ausströmen. Bei jedem Ein- und Ausatmen verstärken Sie das Licht in Ihrem Herzen. Stellen Sie nun mental die Verbindung zu Ihrem höheren Selbst her. Spüren Sie die liebevolle Vereinigung der Herzen.

Das Licht breitet sich aus und umfließt nun im Uhrzeigersinn Ihren gesamten Körper. Der Lichtkreis bildet eine unüberwindliche Schranke gegen alle schädlichen Einflüsse. Sie spüren tiefe Ruhe und Sicherheit.

Auraschutz

Unser physischer Körper ist von einem elektrischen Feld – wir bezeichnen es als Aura – umgeben. Die Aura umfaßt die Energien aller Körper des Menschen, d.h. außer dem sichtbaren physischen Körper, der im Zuge lichtvoller Magie seine materielle Struktur transformiert, enthält sie noch

- den Ätherkörper, der sich der physischen Form anpaßt und sich nur wenig über diese hinausstreckt. Hier befindet sich ein feines Netzwerk von Kraftadern, die sich kreuzen.

Die Schnittstellen werden als Chakras bezeichnet. Umgewandelte Energien der Erde und des Kosmos beleben den Körper und machen ihn funktionstüchtig. Diesen Ätherkörper möglichst rein zu halten, ist das Ergebnis unserer Lebenshaltung.

- Der höherschwingende Astralkörper, in dem Wünsche und Gefühle entstehen und der den physischen Körper mitformt, kann auch über die Chakras positiv und kraftvoll wirken. Wenn jedoch Krankheit oder Mißbrauch den Körper beeinträchtigen, schließen sich die Chakras.

- Der Mentalkörper durchdringt alle anderen genannten Körper, dient als ausgleichendes Element und sammelt alle Energien. Gedanken sind Energieformen, die umwandelbar sind. Es kommt darauf an, worauf wir uns konzentrieren. Davon hängt vor allem unsere geistige Entwicklung ab.

Die Wirkung der Aura können wir als Schutzschirm einsetzen, der dazu dient, auf uns gezielte negative Gedanken umzuwandeln und positiv zurückzuschicken, womit sich die Kraft der negativen Gedankenformen in der aussendenden Person verringert.

Damit die negativen Gedankenformen sich nicht an andere, unbeteiligte Personen festsetzen, ist es am sichersten, etwa wie folgt zu formulieren: »Negatives nehme ich nicht an und sende es an den Absender, gebunden in einem Lichtstrahl heilender Energie, zurück.«

Hierzu setzen oder legen Sie sich entspannt hin. Ihre Augen sind geschlossen. Atmen Sie ruhig ein und aus. Lassen Sie

Ihre Gedanken einfach vorbeiziehen, lassen Sie Stille einkehren. Sprechen oder denken Sie die vorgenannte Formulierung dreimal.

Atmen Sie wieder ruhig ein und aus.

Stellen Sie sich vor, daß Ihre Aura, Sie selbst, Ihre Umgebung rein und klar sind ...

Nun lassen Sie jeden Gedanken los und spüren Ihrem Körpergefühl nach, beginnend bei den Füßen bis über den Kopf. Fühlen Sie sich in Ihrer Mitte ruhend? Oder spüren Sie Blockaden? Ist die Raumatmosphäre spannungsreich oder gar unangenehm? Wenn ja, ist eine Aurareinigung notwendig.

Aurareinigung

Lösen Sie zunächst eventuell vorhandene Verspannungen durch die in Kapitel V beschriebene Körperentspannungsübung. Danach atmen Sie immer durch die Nase ein und aus. Nach einem kräftigen Ausatmen, atmen Sie stets ruhig, gleichmäßig und mit innerer Sammlung. Beim Einatmen folgen Sie Ihrem Atem aufmerksam bis in den Bauch bzw. ins Becken hinein. Atmen Sie nun den Rücken aufwärts ein, und atmen Sie an der Brustseite abwärts aus. Insgesamt siebenmal. Dabei beobachten Sie, wie weit Sie dabei kommen. Daraus bilden Sie die Form des aurischen Eies.

Nun wiederholen Sie diese Atmung wieder jeweils siebenmal, jedoch lassen Sie beim Einatmen den Atem die rechte

Körperseite hinauffließen und beim Ausatmen den Atem die linke Körperseite hinabfließen.

Sie haben den Sie umgebenden Raum gereinigt und konzentrieren nun Ihre Gedanken auf angenehme, schöne Dinge des Lebens.

Zum Beispiel: Denken Sie an eine Wald- oder Bergwanderung, an das Meer, an eine Wattwanderung. Oder konzentrieren Sie sich auf einen Quell, der aus einer Felsspalte fließt, auf eine leuchtende Blume ... Auf diese Art kann es Ihnen gelingen, eine höhere Schwingungsebene zu erreichen. Entspannen Sie Ihre Füße, konzentrieren Sie sich auf den Boden, auf dem Sie stehen, stellen Sie sich ihn warm, weich und locker vor. Erspüren Sie gedanklich den sanften Grund der Erde. Jetzt setzen Sie alle angesammelte negative Energie frei!

Sie fühlen sich nun völlig befreit. Während der Entspannung öffnen sich auch alle Chakren und kleinen Zentren und pulsieren kräftig. Nun kann kraftvolle Energie durch Ihre Fußsohlen und Knöchel einströmen. Die Energie steigt hoch in die Wirbelsäule und vereinigt sich mit der kosmischen Energie. Stellen Sie sich vor, wie die kosmischen Energien als goldener Strom über Ihren Scheitelpunkt einfließen und Sie in ein goldenes Licht einhüllen. Sie haben sich und Ihr gesamtes Umfeld transformiert.

Sie selbst und der Raum sind gereinigt. Es werden verstärkt kosmische und erdhafte Kräfte angezogen und umgewandelt. Überschüsse werden von der Erde aufgenommen.

Reinigung des Basis-Chakras (Muladhara)

(Erläuterung der Chakras siehe Kapitel VI)

Durch unsere Füße erleben wir die unmittelbare Verbindung mit der Erde. Diese Energie hängt auch mit unserem Wurzelchakra zusammen. Es ist also wichtig für uns, dieses Chakra zu stärken. Mit dieser Energie sind Sie befähigt, die Bewältigung Ihres alltäglichen Lebens tatkräftig und energievoll anzugehen. Zur Anregung des Wurzelchakras massieren oder reiben Sie kräftig Ihre Füße.

Um das Basis-Zentrum von störenden Energien zu befreien und gleichzeitig einen überanstrengten Geist zur Ruhe zu bringen und für die Meditation vorzubereiten, indem wir die Energie vom Gehirn abziehen, ist starke Bewegung, z.B. sportliche Übungen, eine gute Möglichkeit. Optimal ist es zu tanzen, wie es bei rituellen Tänzen praktiziert wird.

Erde bedeutet Gegenwart, Unabdingbarkeit, Gesetzmäßigkeit im Hier und Jetzt. Es liegt jedoch an uns, wie wir die dadurch gemachten Erfahrungen annehmen: Lehnen wir die unabdingbaren Gesetzmäßigkeiten ab, oder kämpfen wir gar dagegen an, erfahren wir die »Welt der Gegensätze« auf sehr schmerzvolle Weise. Akzeptieren und überlassen wir uns diesen Gesetzmäßigkeiten, werden wir diese als heilsam erfahren.

Die Erde gibt uns alles, was wir brauchen. »Mutter Erde« – wie die Indianer sie nennen – bedeutet Kraft, Liebe und Geborgenheit.

Schutzschild-Ritual der Runen-Schamanen

1. Beschreibung »Was bedeutet ein Schild?«

Das Schild wird im okkulten Bereich dem Element Erde zugeordnet. Erde bedeutet Bewußtwerdung »was unter der Oberfläche liegt«. Sie erlaubt ein individuelles Dasein, was sich voneinander durch die Verkörperung unterscheidet. Das Erdelement ist genau wie die anderen Elemente von Bedeutung, und zwar in jeder Form, physikalisch wie geistig. Es ist die Erde, die das Steuerungsmaterial für alle anderen Elemente liefert. Unser Alltag ist durchzogen von Erdenergie, z.B. Gartenarbeit – vornehmlich säen. Wir begegnen überall Erd-Symbolen: Töpferscheibe (klassischer Gebrauchsgegenstand des Schildes), Tablett, Spaten, Spiegel, Plattform eines Fahrzeuges; Rad als Zeichen für beweglichen Erdkontakt; selbst unsere Haut ist ein Schild!

Als Schutzschild der Runen-Schamanen dient die Z-RUNE.

Algiz: Göttliches Schutzschild, schützt und verteidigt Körper, Seele, Verstand, spirituellen Geist. Sie ist vergleichbar mit einem Baum, der in der Erde verwurzelt ist und dessen Zweige bis in den Himmel reichen, eine Verbindung des Unbewußten mit dem Überbewußten. Damit ist gesagt, daß wir unsere Spiritualität auch in unserem täglichen Leben einbringen müssen. Algiz ist die Kraft zum Überleben, Schutz im Lebenskampf und gibt kreative Gedanken zur Hilfe und Verteidigung der Aura. Die Macht der Rune kann zur Hilfe anderer und auch zur Selbstheilung eingesetzt werden.

2. Ritual

Stellen Sie sich die Rune so groß vor, daß sie eine Stabform erhält, den Sie in der Hand halten und damit einen eiförmigen Schutzschild ziehen. Das Stabende verankern Sie tief im Erdboden. Dieser Schirm schützt vor allen Gefahren und Angriffen auf allen Ebenen.

Außergewöhnliche Phänomene

Ursachen für das Auftreten außergewöhnlicher Phänomene, wie Poltern, Klopfen, Knacken, Blitze usw. – auch stark energetische Spannungen – können entstehen durch

1. irgendwelche von außen nicht sichtbaren Mängel bzw. Spannungen im Haus-/Wohnbereich, vor allem im Neubau

2. Energiestau während der Pubertät oder Menopause

3. Störungen der Gehirnfunktion durch äußerlich nicht erkennbaren und nur den Bruchteil einer Sekunde dauernden epileptischen Anfall, die sich als »Blitze« zeigen und auch bei sonst nicht erkrankten Personen sporadisch auftreten können (trotzdem wäre bei häufigerem Auftreten die Konsultation eines Neurologen zu empfehlen)

4. Entstehung eigener energetischer Spannungen während unqualifizierter spiritistischer Spielereien (Tischchenrücken usw.), was im übrigen noch das kleinste Übel wäre.

Erst, wenn diese angeführten Ursachen überprüft worden sind und kein Ergebnis bezüglich der Herkunft der außergewöhnlichen Phänomene erzielt wurde, sollte man die Prüfungen auf den okkulten Bereich ausdehnen. In diesem Fall sollten jedoch ausschließlich Fachleute beauftragt werden.

Schutz für Räume und Gegenstände

Bannungsrituale haben den Zweck, unerwünschte energetische Aufladungen von Personen, Räumen und Gegenständen zu neutralisieren. Dazu muß zunächst der auslösende Einfluß unterbunden werden, was nicht leicht ist, da verschiedene Faktoren eine Rolle spielen können. Wie bereits zuvor beschrieben, muß zunächst die Ursache festgestellt werden.
Sollte es sich um okkulte Energien handeln, ist unbedingt wie bereits zuvor gesagt, eine fachlich qualifizierte Person einzuschalten.

Für eine allgemeine energetische Reinigung von Orten, Räumen und Gegenständen empfiehlt sich folgendes

Bannungsritual: »Unerwünschte Energien«

- Himmelsrichtung: Norden, Erzengel Uriel

- Planet: Saturn

- Zeitpunkt: Samstag

- Günstige Uhrzeiten: 07.00-08.00 Uhr
14.00-15.00 Uhr
21.00-22.00 Uhr

- Mond: abnehmend

- Räucherwerk: Weihrauch, zusätzlich: Patchouli, Zypresse, Kava, Myrrhe (mischen)

- Ritualöl: Je drei Tropfen Olibanum, Myrrhe und Benzoe

- Kerzen: jeweils eine blaue, eine weiße sowie eine schwarze Planetenkerze und eine gesonderte weiße Kerze als Lichtstab.

Nachdem Sie den Altar wie in Kapitel II beschrieben vorbereitet haben, werden die Kerzen mittig wie folgt aufgestellt: schwarz, weiß, blau.

Ablauf des Rituals:

Mit einem Streichholz zünden Sie die weiße Lichtstab-Kerze an. Alle weiteren Kerzen werden mit dieser im Gegenuhrzeigersinn angezündet, und zwar

- die schwarze Kerze mit der Vorstellung, daß alle destruktiven Energien und Gedankenformen bereits vertrieben sind

- die weiße Kerze mit dem Gedanken, daß die Finsternis dem Licht gewichen ist und die Reinheit des Lichtes einen Schutzschild bildet

- die blaue Kerze mit dem Ziel, daß Aufrichtigkeit, Wahrheit und die Kraft des Glaubens helfen werden, alle schlechten Einflüsse zu überwinden.

Nun sind alle Kerzen angezündet. Rufen Sie den Wächter des nördlichen Tores, Erzengel Uriel, an, und bitten Sie um Schutz und Hilfe. Lassen Sie vor Ihrem inneren Auge Berge, Bäume, Erde entstehen und spüren Sie die Kraft, die sie ausströmen. Visualisieren Sie einen Ring aus weißem Licht, der das gesamte Umfeld erfaßt. Sie sind umgeben von Reinheit, Klarheit, Ehrlichkeit. Dieses Schutzschild kann nichts durchdringen. Danken Sie den gütigen, liebevollen kosmischen Kräften.

Entspannen Sie sich in einer meditativen Phase. Anschließend wird das Ritual beendet, indem die Kerzen in umgekehrter Reihenfolge gelöscht werden.

IV. Mondzauber

Mondwissen

Unsere Vorfahren wußten um die Wirkung des Mondes auf das irdische Leben und nutzten seine geheimnisvollen Kräfte.

Wir wissen, daß der Mond den Rhythmus von Ebbe und Flut bestimmt, ebenso wie er in Vollmondnächten sensible Menschen unruhig macht, während wir uns bei Neumond voller Aktivität und geistig frisch fühlen.

Die Magie des Lebens spiegelt sich auch in seinen Ritualen wider.

Wirkungen bei Vollmond

Allgemein: Falls man Heilkräuter selber sammeln will, ist dies die beste Zeit. Wurzeln sollten nachts ausgegraben werden, damit ihre höchste Wirksamkeit erreicht werden kann.

Gesundheit: Für notwendig werdende Operationen ist die Vollmondzeit nicht günstig, weil Wunden stärker bluten und Verletzungen schlechter heilen.

Magie: Mächtige Energie. Zu keiner Zeit ist die Wirkung des Mondes so stark zu spüren. Gesteigerte Sexualkräfte, die lebenserhaltende Energie.

Wirkungen bei abnehmendem Mond

Allgemein: In der Natur geht die Energie zu den Wurzeln.

Gesundheit: Geistig und körperlich auf der Höhe der Leistungsfähigkeit. Günstige Zeit, falls Operationen notwendig werden sollten. Auch für den Beginn einer Diät ist der abnehmende Mond ein günstiger Zeitpunkt.

Magie: Zeit der Kräftefreisetzung, der Befreiung von Bedrückungen und Ängsten, Abwehr-Magie und Transformation.

Wirkungen bei Neumond

Allgemein: Von der Erde aus gesehen, ist der Mond fast verdunkelt. Er steht beinahe genau zwischen Erde und Sonne.

Gesundheit: Erholung und Regeneration, Entgiftung und Entschlackung, daher günstige Zeit zum Fasten. Falls irgendwelche schlechten Angewohnheiten (z.B. Rauchen) aufgegeben werden sollen, wäre dies die beste Zeit.

Magie: Konzentrierte Energien, Zeit für Planungen.

Wirkungen bei zunehmendem Mond

Allgemein: Phase der Entspannung, Aufnahme, Ideen, Entwurf und Pläne.

Gesundheit: Zu dieser Zeit sind die Selbstheilungskräfte besonders hoch. Falls man zur Gewichtszunahme neigt, ist Vorsicht bei der Nahrungsaufnahme angebracht. Keine schweren Speisen! Dagegen ist alles, was eine kräftigende Wirkung hat und der Heilung dient, begünstigt.

Magie: Kraft des Beginns, Anziehungsrituale, der Zeugung, verborgene Möglichkeiten. Neue Pläne nicht voreilig gestalten. Lassen Sie sich Zeit. Wenn sich der Vollmond nähert, also im zweiten Viertel, sollten Sie die Pläne begutachten, das Für und das Wider erwägen, Lösungen finden und etwaige Hindernisse durch die Kraft der stärker werdenden Gefühle überwinden.

Weibliche Mysterien

Auf die geheimnisvollen Kräfte des Mondes reagiert die Natur, so auch der Mensch als ein Teil von ihr. Ganz besondere Wirkung zeigt die lunare Kraft auf den Zyklus der Frauen, die mehr oder weniger spüren, daß dieser Energiewechsel etwas Besonderes ist. Erkennen auch Sie bewußt die monatliche Blutung als Energietage, und machen Sie die Erfahrung des Schoßes, des weiblichen Mysteriums.

Wirkungen bei Vollmond

Bei der Menstruation fließt die Kraft von innen nach außen. Für starke Gefühlsregungen besteht die Möglichkeit der Energieumwandlung und Transformation. Es ist die Zeit, Neues anzugehen und neue Partnerschaften einzugehen.

Wirkungen bei abnehmenden Mond

Bei der Menstruation fließt die Kraft von innen nach außen. Vorhaben können zum Abschluß gebracht werden. Neues bahnt sich an, Ihre Kreativität ist gesteigert. Es ist die Zeit für Veränderungen, aufzubauen und für sinnhaftes Erleben.

Wirkungen bei Neumond

Bei der Menstruation fließt die Kraft von außen nach innen, in den Schoß – dem weiblichen Mysterium. Es ist die Zeit, vergangene Aktivitäten zu überprüfen und Lehren aus Verhaltensweisen zu ziehen und Neues einzuleiten.

Wirkungen bei zunehmendem Mond

Bei der Menstruation fließt die Kraft nach innen. Ihre Intuition ist gesteigert. Zeit für neue Ideen und Pläne.

Zwei meditative Rituale

Diese Rituale führen Sie am besten bei Vollmond durch. Sollten Sie eine Gruppe von mehreren gleichgesinnten Frauen sein, wäre eine Vollmondnachtwanderung sicherlich eine wunderbare Erfahrung. Dazu wird eine Gruppenführerin gewählt, die das Organisatorische übernimmt. In Absprache mit den anderen wählt sie einen Zielplatz für die Wanderung aus. Hier wäre z.B. eine Lichtung auf einer Anhöhe günstig.

Als Höhepunkt dieser schweigenden Nachtwanderung versammeln sie sich dann an dem ausgewählten Platz und bilden einen Kreis. Dabei fassen sie sich an den Händen und rufen die Mondin als sinnbildlichen weiblichen Teil der kosmischen Schöpferkraft an. Nachstehende meditative Rituale wählen Sie bitte jeweils nach der Jahreszeit aus bzw. nach den Gegebenheiten des Wetters und der Temperaturen.

Meditatives Ritual für das Frühlings-/Sommerhalbjahr

Die Gruppenführerin spricht:

»Der Kreis ist gebildet. Wir rufen die Mondin, die Kraft, die alles Leben erhält. Wir spüren die Energie. Sie ist in uns. Wir fühlen unsere Weiblichkeit, Stärke und Lust des Schoßes und Liebesfähigkeit und singen ihr zu Ehren

Das Lied der Kätzin:

Wo sich unter dem Vollmond

Nächtlich die Schatten treffen

Die Kätzin, unbeweglich ...

Den geschmeidigen Körper angespannt,

Grünäugiger Flammenblick.

Stimmen der Nacht, Zeit des Jagens.

Wer zählt verrinnende Zeit?

Stolze Jägerin, einsam, mutig und stark

Der Natur ewigen Gesetzen folgend ...

Mütterlicher Schoß, sich opfernd der Brut

Wie auch des Tages samtpfötige Gefährtin.

Geheimnisvolle Hüterin des Schatzes,

Sich versenkend in Meditation

Begegnet der Mondin am nächtlichen Himmel.

Du Wiedergeborene in Atlantis Weisheit,

Biete uns Schutz, wenn auch wir

Wandern zwischen den Welten ...«

Das Lied ist beendet. In kurzem Schweigen verharrt die Gruppe, in der jede Teilnehmerin noch einmal kurz über den meditativen Text nachdenken kann.

Dann beginnt die Gruppenführerin wieder an zu sprechen:

»Wir danken der Mondin! Kraft, tiefes Wissen, Mütterlichkeit, Mut und zärtliches Empfinden der stolzen Kätzin verbindet uns ... Wir atmen jetzt tief ein und aus, wobei die Energie die Wirbelsäule auf- und abfließt. Wir atmen bewußt kosmische Energie über unser Kronen-Chakra, dem Scheitelpunkt, tief ein. Der Energiestrom füllt Eure Chakren. Beim Ausatmen laßt den Energiestrom über den Rücken tief in die Erde hinunterfließen. Die Erde reinigt und erneuert die Kraft. Von Frieden erfüllt danken wir der liebenden kosmischen Schöpferkraft und öffnen den Kreis.«

Da der Kreis aufgelöst ist, kann die Entspannung folgen. Es könnte jetzt zum Beispiel ein Getränk herumgereicht und ein Baguette gebrochen und verteilt werden. Es ist entspannte Fröhlichkeit angesagt. Die Rückwanderung genießend, kann man sich noch einmal untereinander über das soeben Erlebte austauschen.

Meditatives Ritual für das Herbst-/Winterhalbjahr

Die Gruppenführerin spricht:

»Der Kreis ist gebildet. Wir rufen die Mondin, die Kraft, die alles Leben erhält. Wir spüren die Energie. Sie ist in uns. Wir fühlen unsere Weiblichkeit, Stärke und Lust des Schoßes und Liebesfähigkeit und singen Ihr zu Ehren

Das Lied der Wölfin:

Nächtlich auf einsamer Klippe

Inmitten erstarrten Eises

Steht die Wölfin, silberschimmernd

Kraftvoll, erfahren, kampferprobt

Weise Rudelsanführerin ...

Am Himmel jagende Wolkenfetzen,

Vollmond trennt nächtliche Schatten.

Mit Abstand unter der Klippe,

Zeichen erwartend, das Rudel

Geduldig, gespannt, aufmerksam ...

Der Atemhauch steigt nebelhaft

In klare, eisklirrende Luft.

Der Wölfin Lied schallt durch die Nacht

Heulend fällt des Rudels Chor ein,

Schauerlich, erhaben zugleich ...

Vereint mit den Elementen,

Dem Boden unter den Füßen,

Den Kräften des vollen Mondes,

Den jagenden frostkalten Winden,

Der lodernden Herzensflamme ...

Das einsame Lied der Wölfin.

Weiß um die Kämpfe des Lebens,

Weiß um seine Vergänglichkeit,

Weiß um den ewigen Seinsstrom,

Nicht gestern, nicht morgen: Jetzt!«

Das Lied ist beendet. In kurzem Schweigen verharrt die Gruppe, in der jede Teilnehmerin noch einmal kurz über den meditativen Text nachdenken kann.

Dann beginnt die Gruppenführerin wieder zu sprechen:

»Wir danken der Mondin! Kraft und Weisheit der stolzen Wölfin verbindet uns ... Wir atmen jetzt tief ein und aus, wobei die Energie die Wirbelsäule auf- und abfließt. Wir atmen jetzt bewußt kosmische Energie über unser Kronen-Chakra, dem Scheitelpunkt, tief ein. Der Energiestrom füllt Eure Chakras. Beim Ausatmen laßt den Energiestrom über den Rücken tief in die Erde hinunterfließen. Die Erde reinigt und erneuert die Kraft. Von Frieden erfüllt danken wir der liebenden kosmischen Schöpferkraft und öffnen den Kreis.«

Da der Kreis aufgelöst ist, kann wiederum die für das Frühlings-/Sommerhalbjahr beschriebene Entspannungs- und Schlußphase folgen.

V. Gesundheit, Schönheit, Kraft

Indianische Schwitzhütte – Geheimnis Sauna

In der Menschheitsgeschichte ist es eine uralte Gewohnheit, in einer Hütte Steine durch Holzfeuer hoch zu erhitzen. Man erkannte, daß die wohltuende Wärme heilend wirkt. Der Bogen dieses Wissens spannt sich vom nordisch-altgermanischen rituellen Brauchtum bis zu den Zeremonien der indianischen Schamanen.

Diese Schwitzhütten dienten nicht allein der Körperreinigung, sondern man war sich bewußt, daß diese »Feuerreinigung« Körper, Seele und Geist umfaßt.

Leider ging dieses magische Wissen bei uns verloren, und gegen Ende des Mittelalters verschwand das Saunabaden mit Ausnahme von Finnland und kleineren Teilen von Rußland in der Alten Welt gänzlich.

Erst nach dem Ende des Zweiten Weltkrieges begannen einzelne deutsche Städte solche Bäder einzurichten, was nicht zuletzt auf heimkehrende Soldaten aus Finnland, die dort das Saunabaden schätzen gelernt hatten, zurückzuführen war. Unser altes Brauchtum, das magische Wissen der Runenschamanen, scheint verloren zu sein. Es lebt indes weiter im indianischen Schwitzhütten-Ritual.

Der gesundheitliche Effekt der Sauna ist bekannt und unstrittig. Neben der wohltuenden Entspannung wird der Körper über unser größtes Ausscheidungsorgan, der Haut, entgiftet, die Funktionen des Herz-Kreislaufsystems und das Immunsystem gestärkt. (Vorsicht bei Erkrankungen. Sicherheitshalber ist ein Arzt zu befragen.)

Falls Sie das Saunabad alleine durchführen, empfehle ich, um jede Verkrampfung hinsichtlich des Textbehaltens zu vermeiden, bereits zu Hause die mentalen Vorgaben gründlich zu studieren und gedanklich durchzugehen.

Wem es möglich ist, dem wird empfohlen, das folgende, in allen Einzelheiten aufgeführte rituelle Saunabad, als magische Reise durchzuführen. Wunderbar wäre es, dies mit Gleichgesinnten zu praktizieren und zu genießen. In diesem Falle empfehle ich, die für den dritten und letzten Saunagang vorgesehene meditative Führung vorzulesen.

Bei Neulingen ist zu empfehlen, zunächst ohne die Feuer-Meditation das Saunabaden zu erkunden. In diesem Falle bleiben Sie bitte möglichst acht Minuten in der Sauna bzw. so lange, bis Sie sich erwärmt und abkühlungsbedürftig fühlen. Lassen Sie sich von niemandem reinreden, sondern gehen Sie nach Ihrem Körperempfinden.

Sicherlich werden Sie zumindest sechsmal die Sauna aufgesucht haben, bis Sie sich an den Ablauf gewöhnt haben und das Baden genießen können. Ab dann wäre ein Verbleib im Schwitzraum von acht bis zwölf Minuten günstig. Diesen Zeitraum erlebt man unterschiedlich. An manchen Tagen hat man das Bedürfnis, etwas länger zu verbleiben, eventuell bis zu fünfzehn Minuten.

Eine zu lange Schwitzzeit wirkt sich allerdings ungünstig aus und bleibt den Leuten überlassen, die nicht genießen können, sondern aus dem Gesundheitsbad ein sportliches Ereignis machen wollen.

Wer Schwierigkeiten mit dem Schwitzen hat, könnte die Haut nach dem Fußbad mit einer trockenen Bürste reiben, bis diese rosig schimmert. (In der Sauna sollte man das Bürsten der Haut vermeiden, nicht zuletzt wegen einer eventuellen Belästigung von Mitbadenden.) Wenigstens zwei Stunden Zeit benötigen Sie für drei Saunagänge.

Mitzubringen sind ein Handtuch, ein großes Saunatuch, ein Bademantel, Badeschuhe, Shampoo, Seife bzw. Duschgel. Empfehlenswert ist auch ein Hautfunktionsöl, mit dem man sich nach Abschluß der drei Saunagänge den gesamten Körper einreiben kann. Sie werden merken, wie wohl Sie sich dabei fühlen und wie geschmeidig sich Ihre Haut anfühlt.

Ritual: Magische Körperreise

Vorbereitung: Körperreinigung unter der Dusche. Bitte auch die Haare gründlich waschen, denn die Kopfhaut muß rein und aufnahmefähig für den Energiefluß sein. Die natürliche Schönheit und Strahlkraft nach dem Ritual entschädigt bei weitem für eine ungestylte Frisur.

Danach sollte man sich gut abtrocknen. Bei kalten Füßen ist ein vorheriges warmes Fußbad zu empfehlen. Bitte während der Saunagänge nicht trinken! Der durch die Sauna entstehende Wasserverlust dient der Entschlackung des Körpers. Diese Entschlackung kann nicht erfolgen, wenn die Wasserergänzung durch die getrunkene Flüssigkeit erfolgen würde. Das wäre doch sehr schade.

Möglichst sollten insgesamt drei Saunagänge erfolgen.

Noch eine Anmerkung: Durch einen ständigen ausreichenden Luftwechsel in der Sauna bleibt die Luftfeuchte gering genug, damit Wasser aus dem Schweiß verdunsten kann. Deshalb wird es oft reizvoll empfunden, wenn diese Kühlung plötzlich unterbrochen wird, was durch Wassergüsse auf die heißen Steine des Saunaofens geschieht. Der zur Decke aufsteigende Dampf durchströmt den gesamten Raum. Der Wasserdampf schlägt sich auf die Haut nieder und erhitzt sie noch stärker. Der Hitzereiz regt die Schweißdrüsen zu einer noch stärkeren Tätigkeit an.

Zu warnen ist vor den verschiedentlich auftretenden Verirrungen, wonach anstatt bis zu maximal 15 g/cbm Rauminhalt über drei Liter Wasser hintereinander aufgeschüttet werden und man gezwungen ist, die Sauna anschließend völlig zu lüften. Ebenfalls abzulehnen ist, vor allem auch aus gesundheitlichen Gründen, dem Aufgußwasser Spirituosen zuzusetzen. Der Aufguß kann ohne weiteres mit einigen Tropfen naturreinen ätherischen Öls duftmäßig verbessert werden.

Begeben Sie sich nun gut gereinigt und in vorfreudiger Stimmung in den Schwitzraum. Suchen Sie sich einen Platz aus, wo Sie sich bequem hinlegen können. Die unterste Bank sollte jedoch nicht benutzt werden, da die Temperatur dort zu niedrig ist.

Ablauf des Rituals:

Erster Saunagang:

Legen Sie sich entspannt auf die mittlere bzw. obere Bank. Schließen Sie die Augen, lassen Sie sich von der Wärme einhüllen. Atmen Sie ruhig ein und aus. Tief und tiefer entspannen Sie sich ... Sie spüren, wie die Hitze Ihre Füße, die Beine, Rücken, Arme, Brust und Bauch durchströmt. Sie dringt gleich einer Flamme bis in Ihr Inneres vor. Die Poren Ihrer Haut sind weit geöffnet. Der Stoffwechsel ist gesteigert. Sie spüren deutlich, wie sich im Körper angesammelte Schlacken lösen und durch die Schweißabsonderung ausgeschwemmt werden. Das empfinden Sie als äußerst wohltuend. Ihre Muskeln sind völlig entspannt. Der Kreislauf reguliert sich. Sie geben sich nun völlig dieser angenehmen Wirkung hin, bis in Ihnen der Wunsch nach Abkühlung entsteht.

Setzen Sie sich nun zunächst auf, und zwar so, daß sich beim Sitzen auf der Bank die Füße auf gleicher Ebene befinden. Lassen Sie noch eine Weile die Hitze auf sich einwirken. Danach verlassen Sie den Saunaraum.

Nun begeben Sie sich auf kürzestem Wege an die frische Luft, denn der Körper benötigt jetzt dringend Sauerstoff. Gehen Sie langsam auf und ab und atmen Sie dabei ruhig durch die Nase ein und kräftig durch den Mund wieder aus. Dabei fühlen Sie beim Ausatmen die heiße Atemluft. Atmen

Sie dann bewußt die frische, kühle Luft ein, und stellen Sie sich vor, wie aus Ihrem Körperinneren die Hitze weicht. Ihr Kopf wird klar ...

Bleiben Sie nicht zulange draußen (nur wenige Minuten), damit Sie sich nicht zu sehr abkühlen.

Begeben Sie sich nun unter die kalte Dusche. Beginnen Sie die Abkühlung mit der rechten Körperseite, zunächst der Fuß, dann das Bein, der Arm. Danach die linke Seite in der gleichen Reihenfolge. Dann über Körpermitte bis zum Herzen hin bis zum Kopf. Nun umdrehen und das Wasser vom Kopf über den Rücken laufen lassen. Ihre Haut ist nun vom Schweiß befreit. Genießen Sie den kräftigen Kältereiz. Wer möchte und wem es die Gesundheit gestattet, kann anschließend noch ein kaltes, kurzes Tauchbad nehmen. Nicht zu sehr unterkühlen!

Nachdem Sie sich gut abgetrocknet und einen Bademantel angezogen haben, müssen die Füße durch ein warmes Fußbad wieder aufgewärmt werden. Sie setzen sich dazu bequem auf die Bank vor dem Becken und lassen die Füße solange in dem Wärmebad, bis sich ein wohliges Wärmegefühl über den gesamten Rücken ausbreitet. Während dieser Ruhepause können Sie sich durchaus mit den anderen unterhalten.

Zweiter Saunagang: Ausführungsgleich mit dem ersten Saunagang.

Dritter Saunagang: Der dritte Saunagang kann ebenfalls wie bereits beschrieben ausgeführt werden, jedoch auch als nachstehend beschriebene Meditation. In diesem Falle wäre es günstig, wenn eine der Bekannten oder Freundinnen die Meditation ruhig und mit sanfter Stimme vorliest. (Dies könnte man an anderen Saunatagen wiederholen, wobei man sich beim Vortragen abwechselt.)

Wenn diese Meditation alleine durchgeführt wird, sollte der Text vorher gut durchgelesen werden, so kann sich der Inhalt vor dem geistigen Auge voll entwickeln. Man bekommt damit Übung, es wird von Mal zu Mal besser und das Erlebnis schöner und eindringlicher.

Feuermeditation

Legen Sie sich wiederum entspannt auf die mittlere bzw. obere Bank. Schließen Sie die Augen, lassen Sie sich von der Wärme einhüllen. Atmen Sie ruhig ein und aus. Tief und tiefer entspannen Sie sich. Sie spüren, wie die Hitze Ihren Körper durchströmt ...

Die Energie des Feuers ist eine schöpferische Initialkraft. Sie bedeutet Beginn, Erneuerung, Durchsetzung. Während Ihr Körper völlig entspannt ist, nehmen Sie die Worte »Beginn, Erneuerung, Durchsetzung« tief in Ihr Bewußtsein auf. Denken Sie daran, daß nun eine magische Reise beginnt ...

»Du durchschreitest das Tor. Ein warmes, goldgelb leuchtendes Licht umgibt Dich. Du bist eingehüllt in einem warmen, goldgelb schimmernden Licht. Das Licht wird immer deutlicher. Ein tiefes, warmes Leuchten. Ein goldgelber Lichtkreis hüllt Dich ein ... Du siehst und spürst die sanfte, beruhigende Strahlung ... Wärme, weiches Licht, Ruhe und Geborgenheit ... Ein goldgelber Lichtkreis hüllt Dich ein ... Du atmest tief und ruhig ... Konzentriert atmest Du die universale Lebenskraft ein ... Und dann siehst Du ein auflodserndes Feuer, das Flackern der goldgelb auflodernden Flammen. Du siehst goldgelb auflodernde Flammen ... Deine Aufmerksamkeit lenkst Du nun auf Deinen Solarplexus und spürst die ausstrahlende Wärme. Du hörst, was beim Ein- und Ausatmen geschieht. Während dieser Zeit atmest Du wie gewohnt ruhig weiter.

Beim **Einatmen** sammeln sich Wärme und Energie des goldgelben Lichtes in Deinem Sonnengeflecht oberhalb der Magengegend. Du spürst die Wärme und Energie des Lichtes ... Ein goldgelb strahlender Flammenkreis bildet sich. Heiß durchströmt Dich die magische Kraft des Feuers. Es ist die Energie des Lebens, die Sonnenenergie. Diese geistige Kraft durchdringt den Stoff, reinigt, erneuert und vergeistigt Deinen Körper ...

Beim **Ausatmen** gib die Energie frei. Sie verströmt in den Kosmos. Du bist angeschlossen an den irdisch-kosmischen Kreislauf. Alle Chakras füllen sich mit universaler Lebenskraft ... Erfüllt von Lichtenergie fühlst Du Dich unendlich wohl. Ein Gefühl von Freiheit und Kraft durchströmt Dich. Tief und tiefer zieht Dich der strahlende Feuerkreis in den Bann. Du spürst das Züngeln der Flammen, und Dein Körper folgt dem Klang der an- und abschwellenden Töne, dem stampfenden Rhythmus ihres Tanzes. Du bist eins mit den goldgelb strahlenden Flammen und drehst und wirbelst im kosmischen Tanz. Es ist der Ritus der Reinigung und Erneuerung ...

Lasse jetzt alle Wut, allen Kummer, alle Aggressionen verbrennen. Tanze Deine Aggressionen, die Du gegen Dich selbst und andere richtest, heraus. Laß Wut, Angst, Zorn und Hemmnisse aus der Vergangenheit verbrennen, verbrennen in diesem Flammenmeer, mit dem Du eins bist.

Alle Schranken, die Du aufgebaut hast, werden zerstört! Zeige, wenn Du enttäuscht bist, zeige, wenn Du glücklich bist. Zeige Dein Selbst, unabhängig von der Meinung anderer. Tanze, tanze, tanze ...

Wisse: Wie immer Du empfindest, denkst und handelst, daß es von Dir kommt und nicht von anderen. Du findest Schutz und Geborgenheit, Vertrauen und Zufriedenheit in Dir. Du bist stark wie die Sonnenkraft. Tanze den Feuertanz! Du spürst eine Verwandlung, eine magische Verwandlung unter der Kraft des Feuers, die Dich befreit.

Du beherrschst nun diese Kraft. Sie ist positiv in Dir wirksam. Dein Tanz wird ruhiger, wie auch die Flammen zu einer ruhigen, wärmeausstrahlenden Bewegung übergehen. Du kannst nun mit Deinen Gefühlen in verantwortungsvoller, konstruktiver Weise umgehen. Von Tag zu Tag mehr lernst Du, die Äußerungen Deiner Wünsche und ihres Verlangens nach Erfüllung unabhängig von deren Erfüllung zu machen. Du tanzt immer weiter in Deine Befreiung hinein.

Dein Tanz ist der Tanz der goldgelb strahlenden Flammen, die sich spiralförmig himmelwärts bewegen. Ein Gefühl von Klarheit, Leichtigkeit und Helligkeit erfüllt Dich. Die verwandelnde Kraft des Feuers hat Dein Bewußtsein transformiert. Du bist befreit und erneuert. Dein Tanz ist beendet, das Feuer erloschen. Streue die Asche auf Deinen Solarplexus.

Die Bilder haben sich zurückgezogen. Sie öffnen die Augen, strecken sich und fühlen sich ausgeruht und zufrieden. Setzen Sie sich nun wieder auf, wiederum so, daß sich beim Sitzen auf der Bank die Füße auf gleicher Ebene befinden, und lassen Sie die Hitze noch eine Weile auf sich einwirken. Danach verlassen Sie den Saunaraum und begeben sich auf kürzestem Wege an die Frischluft. Die weitere Abfolge verläuft wie beim ersten Gang beschrieben.

Die positive Wirkung eines Saunabades hält etwa eine Woche an. Das bedeutet neben Stabilisierung der Psyche weitgehende Immunität gegen Erkältung, Schnupfen und Grippe sowie die bereits erwähnte Stärkung des Kreislaufsystems, wenn regelmäßig wöchentlich gesaunt wird.

Was Frauen noch besonders interessiert

»Schlank durch Sauna?«

Obwohl man an Gewicht verliert, wird man nicht dünner. Die Gewichtsabnahme erfolgt durch die Wasserausscheidung über die Schweißdrüsen und wird durch Trinken (möglichst Mineralwasser, Säfte) nach Beendigung der Saunagänge wieder ergänzt.

Maßhalten beim Essen und Trinken ist bei gewünschter Gewichtsabnahme angesagt. Ein leerer Magen vor der Sauna könnte allerdings zu Kreislaufversagen führen. Ebenso schädlich ist Magenüberlastung. Wenn man einen Fastentag einlegen möchte, wäre der Tag nach der Sauna günstig.

»Während der Schwangerschaft in die Sauna?«

Wie bekannt ist und bereits von Fachleuten bestätigt wurde, wirkt sich Saunabaden durchaus günstig auf die Muskelentspannung und das Befinden aus. Oftmals zeigte sich eine leichtere Geburt mit kürzerem Verlauf.

»Darf ich die Sauna besuchen, wenn ich Krampfadern habe?«

Wenn keine Venenentzündung mehr besteht, darf man saunabaden. Die Beine sollten in der Sauna – wie vorher beschrieben – nicht herunterhängen und nach Verlassen des Schwitzraumes sofort kalt abgegossen werden.

»Welche Kranke dürfen nicht in die Sauna?«

Bei akuten Erkrankungen, die der Bettruhe bedürfen, ist es selbstverständlich, daß man nicht in die Sauna geht; auch nicht bei bereits ausgebrochener Erkältung, grippalen Infekten, Grippe.

Ebenso dürfen akut Krebskranke, Epilepsie-Kranke, akut an Lungen-Tuberkulose Erkrankte sowie an Geschlechtskrankheiten und an anderen ansteckenden Krankheiten Leidende nicht saunabaden. Ebenfalls darf bei hochgradigen Gefäßveränderungen, besonders der Herz- oder Gehirngefäße, nicht gesaunt werden.

»Für welche Kranke ist die Sauna günstig?«

Nach überstandener Erkältung ist es wichtig, die Sauna aufzusuchen, damit die restlichen Krankheitsstoffe durch das Schwitzen ausgeschieden werden. Damit vermeidet man auch erneute Ansteckungen. Ab dann ist regelmäßiger und richtig angewendeter wöchentlicher Saunabesuch zu empfehlen, um eine Schutzwirkung zu erreichen.

Rheumatische Erkrankungen, die Schmerzzustände in den Gelenken, an der Muskulatur, aber auch an der Wirbelsäule hervorrufen, sind äußerst vielschichtig in Entstehung und Formkreis.

Hier sind zu unterscheiden zwischen a) dem entzündlichen, b) dem degenerativen und c) dem Weichteil-Rheumatismus. Zu a) gehört außer den Gelenkentzündungen auch die Bechterew-Krankheit der Wirbelsäule, zu b) gehören die Arthrosen, zu c) gehören Muskel- und Sehnenerkrankungen und rheumatische Beschwerden am Unterhautgewebe.

Im akuten Entzündungsstadium, das stets der ärztlichen Behandlung bedarf, ist das Saunabad gänzlich zu unterlassen. Die Entscheidung, wann es wieder aufgenommen werden darf, muß dem behandelnden Arzt überlassen werden.

Bei den meisten Beschwerden handelt es sich jedoch um eine chronische Erkrankung, bei der Gewebe, Muskulatur sowie vegetative Nerven und einige Hormondrüsen angegriffen sind. Hier aber hat sich das richtig durchgeführte Saunabad als äußerst ordnend eingreifend erwiesen. Dies gilt auch bei Arthrosen, Bandscheibenbeschwerden und es vermindert die Neigung zu Nervenentzündungen.

Asthmatiker, die ja bekanntlich unter feucht-warmen Wetter leiden, vertragen die Sauna gut. Die trockene Wärme der Sauna erwärmt die Atemluft, entspannt dadurch die Bronchialmuskulatur und wirkt der zu den Anfällen führenden Verkrampfung entgegen. Im Laufe der Saunabenutzung geht sogar die Anfallbereitschaft zurück. Oftmals kann sogar auf die Einnahme therapeutischer Nebennierenrinden-Hormonpräparate, die unerwünschte Nebenwirkungen haben, verzichtet werden. Deshalb ist die Anwendung eines regelmäßigen Saunabades äußerst wertvoll.

Ergänzende Maßnahmen zur Sauna:

Die Massage als Körperpflege dient zur Förderung der Blutversorgung und Entschlackung des Gewebes. Dies gilt auch für die Unterwasserstrahlmassage, die unter anderem auch bei der Bekämpfung von Fettansammlungen hilfreich ist.

Will man zusätzlich schwimmen gehen, so gilt die Regel: erst Schwimmen, dann Sauna.

Bei Sonnenbad oder Solarium nach der Sauna bedarf die Haut eines besonderen Schutzes.

Körper-Entspannungsübung

Sollten Sie sich innerlich unruhig, angespannt bzw. durch äußere Einflüsse gestreßt fühlen, empfiehlt es sich, vorher einige Übungen aus dem Programm »Progressive Muskelentspannung« nach Jacobsen durchzuführen.

Beispiel:

Legen Sie sich auf eine Matte auf dem Boden oder auf eine Liege. Atmen Sie tief ein. Halten Sie den Atem an, während Sie Ihre Hände zu Fäusten ballen und fest anspannen. Zählen Sie gedanklich bis fünf. Stoßen Sie den Atem aus, und öffnen Sie die Hände. Lassen Sie die Spannung entweichen. Dreimal wiederholen.

Übung wie vorher, jedoch die Spannung in die Beine, Waden, Oberschenkel, Füße, Zehen leiten. Dreimal wiederholen.

Übung wie vorher, jedoch Hände zu Fäusten ballen, Füße, Beine, Becken, Bauch, Brust, Rücken, Hals, Gesicht, also den gesamten Körper, anspannen. Spannung halten. Ausatmen – loslassen. Sie spüren, wie Ihr Körper schwer auf der Unterlage liegt. Genießen Sie das Gefühl der Entspannung ...

Diese Übung eignet sich im übrigen ausgezeichnet dafür, nach einem durchgeführten Ritual wieder ein gutes Körpergefühl zu erlangen.

Integration – Desintegration von Schwingungen

Unsere beiden Gehirnhälften stehen für Aufnahme von Schwingungen, die eine entsprechende Wertigkeit enthalten. In der linken Gehirnhälfte sind ethische Begriffe, wie zum Beispiel Liebe, Hoffnung, Vertrauen, in der rechten beispielsweise Terror, Krieg und Verbrechen gespeichert. Es ist wichtig, Widersprüche zu integrieren, denn eine Umkehrung der Werte bedeutet Desintegration. Das heißt, obwohl wir stets das Beste wollen, erhalten wir das gegenteilige Ergebnis. Wir sind äußerst instabil, da wir uns in der Resonanz von anderen erfahren, die eine entsprechende Energie freisetzt.

Eine harmonische Schwingung der beiden Gehirnhälften kann man durch Drehungen erreichen. Bei Drehung nach rechts, im Uhrzeigersinn, stößt man negative Energien ab, nach links zieht man die eigene innere geistige Energie in die Mitte, dem Sonnengeflecht, hinein. Somit schwingen die linke und rechte Gehirnhälfte synchron. Diese Drehungen helfen bei Streßzuständen, lösen Verspannungen und helfen Gefühle innerer und äußerer Spaltung und rigide Bewußtseinsgrenzen zu überwinden. Dies kennen wir vor allem aus alten magischen/schamanischen Traditionen in Form von Trance-Tänzen.

Hierzu folgende Harmonisierungs-Übung:

Während des gesamten Übungsablaufs atmen Sie ruhig und gleichmäßig ein und aus. Sie stehen aufrecht mit ausgebreiteten Armen. Konzentrieren Sie sich auf das Abstoßen negativer Energien, und drehen Sie sich dann langsam dreimal im Kreis rechts herum. Danach einmal tief ein- und ausatmen.

Konzentrieren Sie sich nun auf das Einziehen der inneren geistigen Energie in das Sonnengeflecht, und drehen Sie sich dann langsam dreimal im Kreis nach links. Nun schwingen beide Gehirnhälften synchron.

Astro-Medizin

Wie bereits durch zahlreiche wissenschaftliche Studien, vornehmlich in den USA, bewiesen, hat insbesondere der Mond Einfluß auf Gesundheit, Krankheit, Operationen und Rekonvaleszenz. Die wichtigsten Erkenntnisse hieraus sind: Günstig für stärkende Maßnahmen ist der zunehmende Mond, günstig für Entschlackungsmaßnahmen, Diäten und Operationen ist der abnehmende Mond.

Da das nachstehende Ritual besonders wichtig für die Gesundheit ist, wird nachstehend in Kurzfassung auf einige der Erkenntnisse des Hippokrates (460-377 v. Chr.) bezüglich des Mondeinflusses und des Einflusses der Planeten eingegangen.

Besonders stärkend und eine Heilung beschleunigende Wirkung zeigt sich, wenn der Mond in dem Tierkreiszeichen steht, welches das entsprechende Organ »regiert«. Dazu folgende Tabelle:

Körperzone/Organe	**Tierkreiszeichen**
Gesamter Kopf-/Gesichtsbereich, Sinnesorgane	Widder

Ohren, Kiefer, Zähne, Hals, Sprachorgane, Kreislauf	Stier
Schultern, Lunge, Arme, Hände, Drüsensystem	Zwillinge
Lunge, Leber, Galle, Brust, Magen, Nervensystem	Krebs
Kreislauf, Sinnesorgane, Herz, Zwerchfell, Rücken	Löwe
Kreislauf, Nerven, Milz, Bauchspeicheldrüse, Verdauungssystem	Jungfrau
Blase, Nieren, Becken, Hüfte, Drüsensystem	Waage
Geschlechtsorgane, Harnleiter, Nervensystem	Skorpion
Venen, Sinnesorgane, Oberschenkel	Schütze
Kreislauf, Knochen, Knie, Gelenke, Haut	Steinbock

Venen, Drüsen, Unterschenkel	Wassermann
Füße, Zehen, Nervensystem	Fische

Nachstehend ein Ritual zur Gesundheitsstärkung und Unterstützung der Genesung.

Ritual: Lebenskraft und Gesundheit

- Energie: Alle Elemente
- Himmelsrichtung: Süden
- Planet: Sonne
- Zeitpunkt: Sonntag

Das Ritual ist insgesamt an vier nacheinander folgenden Sonntagen auszuführen, auch, wenn sich vorher bereits ein Erfolg abzeichnet.

Günstige Uhrzeiten: 07.00-08.00 Uhr
14.00-15.00 Uhr
21.00-22.00 Uhr

- Mond: zunehmend bei Beginn des ersten Rituals, begünstigt im ersten oder zweiten Viertel. Keinen negativen Aspekt mit Sonne, Saturn, Mars!
- Räucherwerk: Weihrauch, zusätzlich: Rosenblütenblätter/ Safran oder Orangenblüten/Safran

* Ritualöl: je drei Tropfen Eukalyptus, Pfefferminz, Pinie. Folgende Öle helfen speziell: Augen = Augentrost; Lunge = Grüne Minze; Kopfschmerzen = Beifuß, Majoran, Gewürznelken, Lavendel; Erkältung = Zironenmelisse, Gewürznelken, Thymian, eventuell Zimtstangen, Honig

* Kerzen: jeweils eine weiße, goldene, orange und rote Kerze

Die Kerzen werden wie folgt aufgestellt: Die weiße Kerze ganz vorn. Dahinter, in der Mitte des Tisches, links die orange, mittig die goldene, rechts die rote Kerze aufstellen. Das Weihrauchgefäß gehört in den hinteren Bereich des Tisches. Vor den drei in der Mitte gestellten Kerzen wird ein Symbol für Gesundheit plaziert. Dieses Symbol suchen Sie selbst aus. Es sollte etwas sein, das Sie mit dem Gedanken an Gesundheit, Wohlbefinden und Lebenskraft verbinden, zum Beispiel ein spezielles Heilkraut, eine Blume, ein Edelstein (siehe Kapitel VI).

Textzusammenstellung: Falls im Hinblick auf die Gesundheit Probleme bestehen, notieren Sie diese und Ihre damit verbundenen Gefühle. Das Blatt legen Sie vorn auf den Tisch.

Kurz vor Beginn der Planetenstunde nehmen Sie ein Bad mit duftenden Kräutern, oder reinigen Sie Ihre Hände mit dem Gedanken, daß alle unreinen Energien abgewaschen werden. Dabei können Sie den Erzengel Gabriel um Hilfe bitten. Danach wird der Weihrauch angezündet und der Raum gereinigt.

Ablauf des Rituals:

Mit einem Streichholz zünden Sie die weiße Kerze an. Alle weiteren Kerzen werden mit dieser im Uhrzeigersinn angezündet, und zwar

- die orange Kerze und denken Sie dabei an Mut und die Kraft der positiven Anziehung
- die goldene für Energie und Strahlkraft
- die rote Kerze mit dem Gedanken an Gesundheit und harmonische Schwingungen.

Lesen Sie nun den aufgeschriebenen Text laut und deutlich, unter völliger Identifizierung mit demselben, vor. Es ist wichtig, daß Sie den Text nicht einfach herunterlesen, sondern sich den Inhalt dabei bildhaft vorstellen.

Meditieren Sie nun über Gesundheit und Kraft. Sehen Sie sich stark und voller Lebensfreude. Anschließend falten Sie den Text zusammen und zünden ihn an der orangen Kerze an (nehmen Sie zum Halten eine Pinzette). Der brennende Rest kommt in die Schale und verbrennt dort zu Asche.

Nun entspannen Sie sich in einer meditativen Phase und beenden anschließend das Ritual, indem die Kerzen in umgekehrter Reihenfolge gelöscht werden. Die Asche wird in ein reines Tuch oder Papier geschüttet und dann entweder in einen Fluß gestreut oder man läßt sie vom Winde verwehen.

VI. Energiezentren und Lichtbringer

Chakra (Sanskrit) = Kreis, Rad

Chakras sind Energiezentren von lebenswichtiger Bedeutung, da sie die Organe für die Aufnahme des kosmischen Lebensstromes sind. Zwar ist diese Energie mit unseren heutigen wissenschaftlichen Methoden noch nicht meßbar, jedoch ist es möglich und wird auch von Fachleuten praktiziert, diese Zentren auszupendeln. Ich selbst wende diese Methode häufig vor und nach den von mir zur Reinigung und Stärkung der Chakras entworfenen Führungen in der Tiefenentspannung durch.

Entlang des Rückgrats liegt die Polarität, was man sich so vorstellen sollte, daß der Geist sich am höchsten Scheitelpunkt des Kopfes und die Materie an der Wurzel, also am Ende des Steißbeins, manifestiert. Wie aus der nachstehenden Beschreibung zu ersehen ist, gibt es höhere und niedere Chakras.

Jede Stufe entspricht einem Seinsprinzip, was durch die Elemente ausgedrückt wird. Diese Seinsprinzipien existieren auf allen Ebenen, der körperlichen, seelischen und geistigen Ebene. Der Geist tritt also über sieben Manifestationsstufen in den Stoff ein. Die Chakras haben die Form kleiner Energiewirbel, die als Empfänger sowie auch als Sender dienen und zugleich die in den Körper geleiteten feinstofflichen

Energien umwandeln, damit dieser sie in sich aufnehmen und verwenden kann. Die Chakras werden häufig als »Lotosblüten« mit einer entsprechend verschiedenen Anzahl von Blütenblättern beschrieben, wobei jeder Blütenstengel einem bestimmten Punkt des Rückgrats entspringt. Diese Vorstellung ist für Visualisierungen von großer Bedeutung, da unser »Unbewußtes« ausschließlich mit Bildvorstellungen arbeiten kann.

Der Zustand der Chakras ist von überragender Bedeutung, da diese positive wie auch negative Energien anziehen können, und die Chakras dann in die entsprechende Richtung rotieren. Hier kann man eingreifen und negativen Einflüssen entgegensteuern. Auch das ist auf allen Ebenen möglich, ob es sich nun um erkrankte Organe oder psychische Belastungen handelt. Wenn sich die Zentren öffnen, entsteht ein wirbelnder Sog, und eine Öffnung wird gebildet. Vorsicht ist geboten, wenn sich ein Chakra zu früh öffnet, so daß sich die Energie gewaltsam ihren Weg bahnt. Dann kann es passieren, daß sich die Öffnung nicht mehr schließt, was zu einem gefährlichen Zustand führt. Die der folgenden Chakras-Beschreibung angeführte Übung gehört nicht zu magischen Energiemanipulationen, sondern dient Ihrem Wohlbefinden.

Siebtes Chakra »Sahashara« (Sanskrit: Nektar, Ort des Schöpfergottes Brahman) = Kronen-Chakra/Scheitel-Zentrum – Geist

Lage: Über dem obersten Scheitelpunkt, außerhalb des grobstofflichen Körpers

meditative Vorstellung: tausendblättriger Lotos

Farbe: lichtgleißendes Weiß oder in allen Spektralfarben strahlend

Keimsilbe: OM, der heilige Laut

Spektrumfarbe: violett

Element: – (mentales Zentrum)

Bedeutung: vorgedankliche Schöpfung, Zustand vor der Manifestation, höhere Ebene der Wirklichkeit, kosmisches Bewußtsein

Psychischer Ausdruck: reine Liebe, Barmherzigkeit

Körperbezug: Schädeldach mit Scheitel, Zirbeldrüse, Steuerung der körperlichen und geistigen Entwicklung sowie des gesunden Wachstums der Organe

Edelsteine: dunkelvioletter Amethyst, Sugilith, dunkelblauer Azurit, auch weiße und goldene Steine wie Bergkristall, Diamant, Edelopal und Gold

Sechstes Chakra »Ajna« (Sanskrit: Befehl von oben, Sitz des Bewußtseins) = Stirnzentrum, »Drittes Auge« – Denken

Lage: zwischen beiden Augenbrauen

meditative Vorstellung: zweiblättriger Lotos

Farbe: weiß

Keimsilbe: kurzes A

Spektrumfarbe: indigoblau

Element: – (mentales Zentrum)

Bedeutung: Schöpfungsgedanke, Polarität (von diesem Chakra aus nehmen die beiden Energieleiter – bekannt als »Hermesstab« – den Weg nach unten), intuitive Energie

Psychischer Ausdruck: Freiheit und Einfachheit, Lösung von Unklarheiten und Illusionen, Friedensliebe, universelle Liebe, inneres Wissen, Kontakt mit dem höheren Selbst

Körperbezug: Kopf, Stirn, Stirnhöhlen, Großhirn einschließlich seiner Steuerfunktionen, Hypophyse und Kleinhirn, Stoffwechsel der Organe, Koordination der Muskelmotorik

Edelsteine: Amethyst, Azurit, Regenbogenfluorit mit Pyritrand

Fünftes Chakra »Vishuddha« (Sanskrit: gereinigt) = Kehlzentrum – Kommunikation

Lage: am unteren Ende des Halses

meditative Vorstellung: sechzehn Lotosblütenblätter

Farbe: blaugrau

Keimsilbe: HAM

Spektrumfarbe: hellblau, türkis

Element: Äther (Schwingung)

Bedeutung: Manifestation der Schöpfung durch Klang; Ebene der Elementegesetze und deren Grundkräfte

Psychischer Ausdruck: Loyalität, Verantwortungsbewußtsein, mentale Fähigkeiten, Hingabe, Idealismus, Intuition

Körperbezug: Mundhöhle, Hals, Luft-/Speiseröhre, Nacken, Kieferbereich, Ohren, Bronchien, oberer Lungenbereich, Hände, Arme, Schultern, Hören, Schmecken, Stimmapparat, Leitfähigkeit der Nerven

Edelsteine: Aquamarin, Türkis, blauer Achat, Chalcedon (sehr gut auch in Verbindung mit einem klaren Bergkristall, da Bezug auf das Stirnchakra)

Viertes Chakra »Anahata« (Sanskrit: ungeschlagener Klang) = Herz-Zentrum – Emotionen/Liebesfähigkeit

Lage: Mitte der Brust in Höhe des Herzens

meditative Vorstellung: fünfzehnblättriger Lotos

Farbe: zinnoberorange

Keimsilbe: YAM

Spektrumfarbe: hellgrün, rosa

Element: Luft

Bedeutung: In diesem Zentrum wird der »Klang des Brahman« offenbar, Beherrschung des Luftelements

Psychischer Ausdruck: Liebe, Heilung, Geborgenheit, Fürsorge, Kreativität, Mut, Wissen, Sensibilität, Selbstbewußtsein

Körperbezug: Herz, Herzbeutel, Herzkammern, gesamter Brustbereich, unterer Lungenbereich, Haut, Blut, Blutkreislauf, Thymusdrüse, Nervensystem

Edelsteine: Rosenquarz, Malachit, grüne Jade, grüner Achat als Zusatz-Stein, da er das Herzchakra sehr tief öffnet

Drittes Chakra »Manipura« (Sanskrit: strahlende Gemme) = Sonnengeflechtszentrum oder auch Solarplexus-Chakra – Verstand

Lage: Über dem Bauchnabel zwischen den Rippen in Höhe des Solarplexus

meditative Vorstellung: zehnblättriger Lotos

Farbe: kobaltblau

Keimsilbe: RAM

Spektrumfarbe: gelb, goldgelb

Element: Feuer

Bedeutung: Beherrschung des Feuerelements, Entfaltung der Persönlichkeit; Wahrnehmung der Einheit aller Dinge

Psychischer Ausdruck: Einsicht, Wahrheit, Mut, Bedürfnisse

Körperbezug: Verdauungssytem und -funktion, Bauchspeicheldrüse

Edelsteine: Markasit, Pyrit/Pyritsonne, Rutilquarz

Zweites Chakra »Svadhisthana« (Sanskrit: Haus des Selbst) = Milz-, Sakral- oder Kreuzzentrum – menschliche Gefühle

Lage: ca. 5 cm unterhalb des Nabels

meditative Vorstellung: sechsblättriger Lotos

Farbe: zinnoberrot

Keimsilbe: VAM

Spektrumfarbe: orange

Element: Wasser

Bedeutung: Beherrschung des Wasserelements, Erkennen der astralen Wesenheiten

Psychischer Ausdruck: Genießen, Erotik, Freude, Erfolg, Selbstwertgefühl

Körperbezug: Regulation Adrenalinhaushalt, Körperflüssigkeiten, Blutdruck, Nebennieren, Keimdrüsen

Edelsteine: Aprikosenachat, Carneol

Erstes Chakra »Muladhara« (Sanskrit: Wurzel) = Wurzel-, Basiszentrum – Lebenserhaltung, Sexualkraft

Lage: am Ende des Steißbeins

meditative Vorstellung: vierblättriger Lotos

Farbe: karminrot

Keimsilbe: LAM

Spektrumfarbe: rot

Element: Erde

Bedeutung: Der Geist ist vollständig in die Materie getaucht. Ruhepunkt der Kundalini, die in der Vorstellung als eine zusammengerollte Schlange erscheint, daher spricht man von der »Schlangenkraft«, die allen Chakras energetische Macht verleiht. Beherrschung des Erdelements.

Psychischer Ausdruck: Lebenskraft, Vertrauen, Harmonie, Standfestigkeit, Mitgefühl, Fortpflanzungs- und Überlebensbedürfnis

Körperbezug: Darm, Prostata, Eierstöcke und Hoden, Gebärmutter, Wirbelsäule, Knochen und Knochengerüst, Zähne,

Nägel, Nebennieren. Während der Schwangerschaft unterliegt die Leibesfrucht diesem Chakra.

Edelsteine: Granat, Rauchquarz, roter Achat, Hämatit/ Hämatit-Rosen

Die heilende Kraft der Steine

(Steinauswahl entsprechend der Kapitel-Thematik)

Bergkristall

besitzt sehr starke heilende Kräfte. Es empfiehlt sich auch, den Bergkristall möglichst zusätzlich zu anderen Steinen mit zu verwenden, da er alle Chakras weit öffnet.

Gleichzeitig verhindert er, daß zu starke Steine zu heftig in unser Inneres dringen. Er ist in der Lage, sanft auszugleichen. Der Bergkristall bindet Erd- und Wasserstrahlen und wandelt diese in positive Energie um. Außerdem löst er energetische Blockaden.

Heilkraft: Seine Schwingungen dringen zu zahlreichen Organen vor. Seine besondere Wirkung liegt jedoch in der Reinigung, Vorbeugung und Heilung hauptsächlich der Adern, Blut- und Herzkranzgefäße, z.B. gegen die gefürchtete Artereosklerose. Außerdem kann er gegen Kopf- und Rückenschmerzen sowie Glieder- und Bandscheibenprobleme eingesetzt werden. Einzusetzen ist er auch bei Beschwerden der Geschlechtsorgane sowie bei starken Schmerzen und Beschwerden während der Menstruation.

Vorbeugende und heilende Wirkung erzielt er gegen bösartige Tumore.

Meditation: 7. und 6. Chakra. Außerdem öffnet er für die Meditation alle Chakras weit, und es ist empfehlenswert, ihn zusätzlich zu anderen Steinen zu verwenden, da er gleichzeitig sanft und harmonisierend wirkt. Der Bergkristall vermittelt Ruhe, Entspannung und Wohlbefinden.

Sugilith (ein sehr seltener Stein)

ist ein sehr kräftiger Heilstein. Unterstützt bei Lösung von Drogenabhängigkeit, hilft bei Abhängigkeiten jeglicher Art, stärkt den Willen zur Eigenkontrolle und Selbstverwirklichung. Er hilft bei der Überwindung von Schicksalsschlägen und gibt Willensstärkung und Kraft für einen Neuanfang.

Heilkraft: Hilft Mensch und Tier bei lebensbedrohlichen Krankheiten; auch bei Schlaganfall, Lähmungen, Quetschungen, Gehirnerkrankungen; kräftigt Immun- und Nervensystem, Stärkung auch bei Aids, Zellerneuerung, Kräftigung der Sinnesorgane, Stärkung innerer Organe, der Drüsen, hilft bei seelischen Krisen, geistigen Erkrankungen und bei den unterschiedlichen Zwangsneurosen.

Meditation: Alle Chakras, besonders 7. und 6. Chakra. Heil- und Schutzstein gegen Eindringen bösartiger Kräfte seitens der Mitmenschen. Starke Schwingungen dringen bei der Meditation in den Geist ein und öffnen ungeahnte Ebenen. Wärme, Licht, Glücksempfinden durchdringen Körper, Geist und Seele.

Amethyst

hilft Gegensätze zu überwinden und dadurch die nächste Stufe der Erkenntnis zu erreichen.

Heilkraft: gegen Kopfschmerzen, Migräne, Schlaflosigkeit, kann auch bei Alkoholproblemen eingesetzt werden (Amethystwasser, Stein auf Solarplexus legen)

Meditation: 7. und 6. Chakra. Regt besonders das Scheitelchakra und das dritte Auge an und klärt die Aura. Er beruhigt, schenkt Frieden und ermöglicht eine tiefe Entspannung

Azurit, dunkelblau

verhilft zur Selbsterkenntnis und vermag noch vorhandene gefühlsmäßige Bindungen aufzulösen. Er stärkt die Konzentration und hilft, Prioritäten für die Zukunftsgestaltung zu setzen. Schutzstein für Jugendliche in der Pubertät. Er schützt nach außen vor bösartigen Angriffen und Brutalität und nach innen vor Gefühlen des Unverstandenseins.

Heilkraft: Stärkt das zentrale Nervensystem. Bei Wunden, Brüchen oder Verletzungen vermag er Heilungen zu beschleunigen, besonders, wenn ein Malachit beigelegt wird, verstärkt sich die Heilkraft. Der Azurit ist hilfreich für Wachstum, Knochenbau und Wirbelsäule bei Heranwachsenden.

Meditation: 7. und 6. Chakra. Verwendung zur Öffnung des »dritten Auges«. Der Azurit transformiert in eine höhere geistige Ebene, befreit, reinigt und läßt unsere Seele tiefen Frieden und Glück empfinden.

Regenbogenfluorit mit Pyritrand

ist ein kräftiger Heilstein. Dieser Stein hat fast von jedem Stein etwas, wenn auch nicht in gleicher Stärke. Beim Tragen bringt er jedoch auf wunderbare Weise in uns Harmonie und Einklang sowie Freundschaft und Liebe. Er fördert Intuition, Konzentration und wirkt gegen Prüfungsängste.

Heilkraft: Dieser Stein spielt eine besondere Rolle in der Sexualität des Alters. Er bewahrt nicht nur vor Alterssenilität, sondern er steuert die Produktion der Sexualhormone und erhält diese bis ins hohe Alter. Besonders für die Frau wirkt dieser Stein als eine Art »Jungbrunnen«.

Meditation: Auf dem 6. Chakra bringt er Wärme und Entspannung. Er wirkt entstrahlend und bahnt den Weg. Er ist gut mit anderen Steinen zu kombinieren.

Aquamarin

regenerierend und verjüngend in Aura und Seele; Stärkung des Selbstbewußtseins, Vertiefung von Liebe und Treue in Partnerschaften; Linderung von Depressionen

Heilkraft: Erkältungen, Stimmband- und Kehlkopfentzündungen, Atemwegserkrankungen. Unter das Kopfkissen gelegt beruhigt der Aquamarin die Nerven.

Meditation: 5. Chakra, wirkt regenerierend und verjüngend auf Aura und Seele, bringt Klarheit in unsere Seele, Harmonie und Glück.

Türkis

hat heilende, reinigende, schützende Eigenschaften; gegen Unzufriedenheit. Er stand und steht bei den Indianern in hoher Verehrung als Schutz- und Heilstein. Der Türkis aktiviert unser Selbstbewußtsein und vermittelt Kraft für privaten wie auch beruflichen Erfolg. Schutz vor Unfällen (besonders auch im Straßenverkehr).

Heilkraft: Augen, Galle, Herz, Leber, Lunge, Drüsenerkrankungen, Nervenkrankheiten, gegen Magersucht oder maßloses Essen.

Meditation: 5. Chakra. Frieden und Verständnis; weckt in uns die Empfindung der ursprünglichen, reinen Schönheit der Schöpfung. Warnung: Bei Verfärbung des Türkises sollte man aufpassen, da dieser im Moment stark mit reinigenden, heilenden und schützenden Energien für uns arbeitet.

Chalcedon

schützt vor Depression, Unzufriedenheit und Schwäche. Er hilft Kindern bei Sprachstörungen und beseitigt Redehemmungen. Unter das Kopfkissen gelegt bewahrt er vor Schlafstörungen. Er schenkt Selbstvertrauen, Gedankenkonzentration und eine deutliche Aussprache.

Heilkraft: Der Chalcedon wirkt gegen eitrige Wunden, Hals-, Rachen-, Stimmband- und Kehlkopferkrankungen. Er hilft gegen Husten und Erkrankungen der Bronchien. Beschwerden in den Wechseljahren lindert er vor allem in Verbindung mit dem Bergkristall.

Meditation: 5. Chakra. Da die Energie des Steins sehr stark wirkt, ist dieser in Verbindung mit einem Bergkristall aufzulegen. Die heilenden und schützenden Kräfte dringen dann sanft, tief und wohltuend ein.

Rosenquarz

besonders wirkungsvoller Herzstein. Er wirkt auch zur Entstörung von Erd- und Computerstrahlung (diese erfolgt jedoch nur teilweise, und die Steine müssen häufig unter fließendem Wasser gereinigt werden). Mit seiner sanften Schwingung ist der Rosenquarz auch gut für Kinder.

Heilkraft: Wirbelsäulen-, Haut- u. Knochenprobleme; bei Sexualstörungen; bei Darmstörungen, Problemen in der Pubertät.

Meditation: 4. Chakra. Friedvolle Schwingung löst Negativität, Ängste und Streß.

Malachit

heilender, entgiftender Stein; vermittelt Liebe, Harmonie, Mitgefühl. Nicht starker Hitze und direkter Sonne aussetzen!

Heilkraft: Herz-Kreislauf-System, Verdauungssystem und Nieren, Nervensystem, Bronchien, Atmungsorgane, Schilddrüse, Muskelgewebe. Bei Monatsbeschwerden und zur Linderung von Schmerzen aller Art sollte man diesen Stein bei sich tragen.

Meditation: bewirkt Klärung der Chakras und Lösung tiefliegender gestauter Gefühle (in Verbindung mit einem Azurit-Malachit); besonderer Energiefluß über das 4. Chakra bringt Lebendigkeit und Gefühle der Liebe. Den Entzug schlechter Kräfte zeigt der Malachit über Verfärbungen.

Grüne Jade

Die sanfte Schwingung mit hoher Frequenz bringt Harmonie, Klarheit, Frieden und geistige Erneuerung.

Heilkraft: erfrischt Herz, Nieren und Nerven; behebt Unfruchtbarkeit (in Verbindung mit einem Rubin-Zoisit) und Unlust, hilft bei Erkrankungen im Magen-Darm-Trakt, gegen Geschwüre, Entzündungen und Koliken; schützt vor allem auch Kinder vor Infektionskrankheiten und hilft bei Kopfschmerzen (Kettenanhänger auf Herzchakra).

Meditation: wirksam auf 4., 3., 2., 1. Chakra; Stein der Liebe, Weisheit, Gerechtigkeit, Barmherzigkeit, Harmonie und des Schutzes gegen böse Kräfte. Das Selbstbewußtsein wird gestärkt und Lebensfreude geschenkt.

Violette Jade

ist in der Wirkung derart stark, daß sie zusammen mit der sanften grünen Jade aufgelegt werden sollte. Anmerkung: Bei starkem Kinderwunsch legen Sie diesen Stein unter das Kopfkissen.

Achtung! Schwarze Jade unbedingt meiden. Legende: »Die grüne Jade konnte zwar das Eindringen des Teufels nicht verhindern, sie verfärbte sich jedoch schwarz, so daß alle vor ihr gewarnt wurden.« Schwarze Jade wird in der schwarzen Magie, bei Schadzauber und als direkter Leiter in die Unterwelt von Teufelsdienern, neidischen und bösartigen Menschen verwendet.

Rutilquarz (auch Engelshaar oder Venushaar)

wirkt ausgleichend auf das Gefühl; Stein der Wahrheit und des spirituellen Wachstums, Schutzstein; er hilft, den eigenen Weg zu finden und die angestrebten Ziele zu verwirklichen.

Heilkraft: Luftwege (Bronchien), Nerven, Magen, Schilddrüse, Zellerneuerung. Zum Schlafen unter das Kopfkissen gelegt, schenkt er bewußte und klare Träume – häufig reinigen!

Meditation: 3. Chakra. Solarplexus lösend, auch für das 5. Chakra gut zu verwenden, denn er dringt sehr lichtvoll ein.

Pyrit Gestein (Pyrit-Sonne ist besonders stark)

hilft Ängste und Blockaden sowie starre Denkmuster zu lösen und unterstützt die geistige Entwicklung.

Heilkraft: Gegen Abszesse, Entzündungen, Arterienverkalkung, Diabetes, Rheuma, Grippe; zur Blut- und Knochenbildung und Stärkung des Immunsystems.

Meditation: 3. Chakra sowie auf alle anderen Chakras zusätzlich als Energieverstärker zu anderen farbigen Steinen. Die starke Kraft hochglänzender Stücke schenkt innere Zufriedenheit. Hilft tiefliegende, oft weit zurückliegende psychosomatische Störungen zu erkennen und aufzuarbeiten.

Markasit

schenkt Ruhe, Ausgeglichenheit und wirkt inspirierend auf unsere Seele. Er fördert das Organisationstalent und hilft, Entscheidungen schnell und sicher zu treffen. Er schützt vor neidischen oder kriminellen Einflüssen und gegen Mobbing am Arbeitsplatz, wo er für ein angenehmes Arbeitsklima sorgt.

Nicht unter Wasser entladen, sondern in einer Schale mit Hämatit-Trommelsteinen mit einigen Bergkristall-Spitzen zum Aufladen; nicht an der Sonne aufladen!

Heilkraft: Schützende, heilende Wirkung auf den gesamten Verdauungskomplex, Regulation der Bauchspeicheldrüse, aktiviert die Gallenflüssigkeit, regelt die Nährstoff-, Sauerstoff- und Eiweißversorgung der Nerven, steuert und heilt die Sinnesorgane, hilft gegen alle schmerzhaften Hornhauterkrankungen, befreit Atemwege und heilt Bronchitis.

Meditation: 3. Chakra. Markasit dringt sehr schwingungsreich ein, löst und überspringt Blockaden im Denken, ordnet die Gedanken und sichert ein stetiges, geistiges Vorankommen.

Aprikosenachat

symbolisiert Glück und Reichtum und ist ein Schutzstein, der alles Böse fernhält. Er stärkt die Willenskraft und macht gleichzeitig einfühlsam.

Heilkraft: Ein wichtiger Stein für Frauen. Er schützt Mutter und Kind während der Schwangerschaft vor Beschwerden. Vor allem bietet er Schutz vor Erkrankungen des werdenden Kindes, zum Beispiel vor Erbkrankheiten, Mongolismus und Behinderungen wie Hasenscharte, Fehlwuchs und anderes. Er bewahrt die Leibesfrucht vor Fehl- oder Frühgeburt, regelt die Wehen und lindert die Schmerzen bei der Geburt. Außerdem schützt der Aprikosenachat vor sämtlichen Strahlungsbelastungen, vor allem in Verbindung mit einem Bergkristall und Rosenquarz.

Meditation: Dringt weich schwingend über das 2. Chakra ein. Wirkt äußerst entspannend. Sehr geeignet auch für Ungeübte, die bald seine Kräfte auf sanfte Art wahrnehmen können.

Carneol

steigert Aktivität, Ausdauer, Kreativität, Widerstandskraft und Aufnahmefähigkeit. Dadurch weckt er die Lebensenergien und aktiviert die Gefühle.

Heilkraft: hilft bei Bluterkrankungen und Durchblutungsstörungen. Stärkt das Herz- und Kreislaufsystem. Stützung der Milz (Abwehrkräfte). Hilft bei Unterleibs-, Verdauungs- und Darmproblemen sowie auch bei Steinleiden in den Nieren und bei Sexualproblemen.

Meditation: 1. oder 2. Chakra. Besonders heilend bei Unterleibsbeschwerden und Schwangerschaft. Hilft bei der richtigen Entscheidung in Liebes- und Partnerschaftsfragen.

Granat

regt Antriebskraft, Sexualität, Mut, Willensstärke, Ausdauer und Selbstwertgefühl an. Achtung: Leicht erregbare Menschen sollten diesen Stein besser nicht verwenden!

Heilkraft: Kreislauf, Stoffwechsel, Rheuma, gegen Durchblutungsstörungen, Knochenkrankheiten; bei Arterien-, Lungen- und Herzproblemen, Magenbeschwerden, Muskelschmerzen, Grippe, Hautproblemen. Wirkt aktivierend auf innere und äußere Geschlechtsorgane; hilft gut gegen Gehirnerkrankungen, Gedächtnisschwäche und bei Depressionen.

Meditation: 1. und 2. Chakra. Behebt oftmals tiefliegende seelische Erkrankungen im Sexualleben. Nimmt starken

Einfluß auf Knochen, Wirbelsäule und innere Organe. Stärkt Selbstvertrauen und Willenskraft.

Rauchquarz

stärkt das Selbstbewußtsein und hilft, die Aufmerksamkeit auf die Gegenwart zu lenken.

Heilkraft: Herz, Lunge, Muskeln; wirkt entgiftend, gegen Nikotinabhängigkeit, Nervosität, Konzentrationsschwäche.

Meditation: 1. Chakra. Verbindet mit der Materie, löst gestaute Energien und beruhigt. Weckt die Erkenntnis zu neuen Wegen und hilft dadurch, die Fesseln der Vergangenheit zu lösen. Soll während der Meditation immer vom Körper wegweisen, damit die Aura besonders gereinigt wird.

Hämatit und Hämatit-Rosen

wird häufig als Talisman getragen. Er schützt vor dem »bösen Blick« und sendet in Träumen Warnungen vor kommenden Gefahren. Er bringt Lebensfreude, Spontanität und stärkt die Eigenverantwortung. Der Hämatit, auch Blutstein genannt, stärkt unseren Blick hinsichtlich Neidern und falschen Menschen und baut gleichzeitig unsere Willenskraft so stark auf, daß ihre negative Kraft gebrochen wird.

Ein Hämatit sollte nicht mit Wasser in Verbindung kommen. Er wird in einer Schale mit kleinen Bergkristall-Trommelsteinen entladen und erneuert gleichzeitig durch diese seine Energie.

Heilkraft: Wie es der Name »Blutstein« ausdrückt, erstreckt sich seine Wirkung auf das Blut und bewahrt vor zahlreichen Erkrankungen, vor allem Blutarmut und Leukämie.

Neben seiner heilsamen Wirkung auf Blutdruck, Blutstauungen, Blutergüsse, Blutungen, Krampfadern und blutende Wunden hilft er auch bei Menstruationsstörungen, wirkt auf das Lymphsystem und leitet dem Körper Eisen zu. Der gesamte Organismus, die Aura sowie das gesamte Umfeld wird durch Hämatitkugeln (nicht größer als 10 cm Durchmesser) entstrahlt. Für einen ruhigen, erholsamen Schlaf sollte man einen Hämatiten unter das Kopfkissen legen.

Meditation: Auf dem 1. Chakra aufgelegt entstrahlt der Hämatit, dadurch wird der Körper in die Lage versetzt, die Energien der anderen Edelsteine stärker aufzunehmen. Während der Meditation bewährt er sich als Schutzwall. Er löst Blockaden, negative Einflüsse, zum Beispiel von Strahlen, von schwarzer Magie oder von ungünstigen Planetenständen.

Achate:

Aprikosenachat (bereits oben beschrieben)

Achat, blau, grün, rot

Achate bringen Glück, Reichtum und Macht. Besonders geeignet für Schmuck- und Ziergegenstände.

Blauer Achat Besonderheiten: heilt Hautverletzungen, Brandwunden; reinigt und schützt Wunden, wirkt gegen Insektenstiche und ist wirkungsvoll bei Gehörgangsverletzungen.

Meditation: 5. Chakra mit Wirkung auf die Wirbelsäule, Blut und Knochen.

Grüner Achat wirkt gegen Entzündungen, Ergüsse und Schmerzen am Kniegelenk; gegen Verstauchungen und Verrenkungen.

Meditation: 4. Chakra, öffnet weit und tief das Herzchakra.

Roter Achat hilft bei entzündlichen Prozessen, Hautkrankheiten, Nierenerkrankungen. Er schützt während der Schwangerschaft Mutter und Kind vor Krankheiten.

Meditation: 1. Chakra, bewirkt einen starken Energiefluß auf unseren Organismus.

Entladen und Aufladen der Edelsteine

Üblich ist die Reinigung der Steine unter fließendem Wasser bzw. mit Salzwasser. Da nicht jeder Stein Salz verträgt, wird empfohlen, die Entladung entweder nur unter fließendem Wasser oder über Nacht in einer trockenen Schale mit Hämatit-Trommelsteinen durchzuführen. Auch eine Schale mit reinem Quarzsand ist für die Reinigung geeignet. Schmuck und Ketten sollte man besser mit den zwei letztgenannten Methoden entladen, da der Faden durch die Einwirkung von Wasser und Salz brüchig werden könnte.

Das Aufladen der Edelsteine geschieht am besten im Sonnenlicht. Ausnahmen sind jeweils bei der detaillierten Beschreibung angegeben.

Chakrascheiben, Ketten, Talismane

Chakrascheiben eignen sich besonders für die Meditation. Sie sollten linsenförmig geschliffen sein, damit die Energie konzentriert in die Chakras des Körpers einfließen kann. Die Scheiben sollten eine Mindestgröße von 25 mm Durchmesser haben und maximal 50 mm Durchmesser nicht überschreiten. Für eine konzentrierte Körperbehandlung über die Chakras können die dünnen Scheiben auch mittels Pflaster am Körper befestigt werden.

Edelsteinketten sind nicht nur ein schöner Schmuck, sondern strahlen auch besondere Kräfte aus, wie vorher beschrieben. Die beliebten und preisgünstigen Splitterketten dringen als belebende Energie in uns ein. Ihre Wirkung erstreckt sich auch entladend und reinigend auf die Aura. Die Strahlung wirkt beruhigend, gibt Lebenskraft und Freude.

Edelsteinanhänger strahlen ihre Kräfte ständig gleichmäßig aus. Sie versorgen uns während des täglichen Tragens mit Heilkraft, Schutz und harmonischen Schwingungen.

Kugelketten sind in ihrer Wirkung wesentlich stärker und dringen gleichbleibend schwingungsvoll in unseren Organismus ein. Sie aktivieren die Abwehrkräfte und haben vorbeugende sowie heilende Wirkung.

Facettierte Edelstein-Ketten strahlen mit höchster Energie reinigende und heilende Kräfte in den Organismus und wirken gleichzeitig harmonisierend auf die Menschen unseres Umfeldes ein.

Häufig werden Edelsteine als Talismane angeboten. Diese bedürfen jedoch eines zusätzlichen, der Bestimmung entsprechenden, besonderen Rituals. Nachstehend eine kurze Beschreibung über die Bedeutung, Anfertigung und Wirkung eines Talismanes.

Zunächst ist zu sagen, daß beinahe jeder beliebige Gegenstand das Potential zum Talisman besitzt. Das beginnt bei einem »glücksbringenden« vierblättrigen Kleeblatt, einer Hasenpfote, einem Hufeisen, einem Medaillon oder einem Kreuz usw. bis hin zu religiösen Plastikbildchen.

Was unterscheidet einen »Glücksbringer« oder »Devotionalien« (Erinnerungsgegenstände von Wallfahrtsstätten) nun von einem echten magischen Talisman? Es gibt drei wichtige Kriterien, denen ein Talisman genügen muß, um als »echt« eingestuft zu werden:

1. Ein echter Talisman muß durch Energetisierungstechniken programmiert werden.

2. Symbole, Farbe, Form und Material müssen magischen Regeln, Richtlinien und Praktiken entsprechen.

3. Die Herstellung des Talismans muß im Einklang mit den entsprechenden universalen oder astrologischen Planetenkonstellationen erfolgen.

Sinn und Ziel eines Talismans:

Es soll eine Veränderung im Einklang mit dem Willen des Schöpfers herbeigeführt werden. In diesem Sinn wird ein Talisman konstruiert, in dem ein Wunsch manifestiert wird. Das gleiche gilt für jede beliebige gewünschte Veränderung, z.B. Schutz, Gesundheit, Liebe, Geld oder Ausmerzung von Krankheit, schlechten Angewohnheiten, negativen Einflüssen.

Ein Talisman ist um so machtvoller, je größer die magischen Fähigkeiten, das Wissen, die Erfahrungen und das ethische Bewußtsein des ADEPTEN (Eingeweihten) sind. Nur der ADEPT ist in der Lage, die universalen Kräfte zu lenken, um Ziele und Wünsche zu verwirklichen.

VII. Kräuterwissen/Heiltees/Magie der Düfte/Heilwirkung der Erde

Heilkräuter

Schon in grauer Vorzeit kannte man die Behandlung mit Heilkräutern. In den Menschen waren die Instinkte noch gut entwickelt und wurden durch Beobachtungen in der Natur und durch das Verhalten der Tiere ergänzt. Später entwickelte sich spezifisches Wissen über Pflanzenmedizin. Die Kenntnisse der »Kräuterweiblein« waren durch die Schamanen in deren Heilkunst einbezogen und erweitert.

Unsere moderne Chemie setzte auf synthetische Arzneimittel und verdrängte nach und nach die Heilpflanzen, bis auf einige, die selbst in der modernen Medizin unentbehrlich waren. Leider verzichtete man auch hier auf das Ganzheitsprinzip und isolierte einige Hauptwirkstoffe. Es wurde (und wird) nicht daran gedacht, daß die Wirkungen der Inhaltsstoffe sich ergänzen, und zwar genau im von der Natur gegebenen Verhältnis.

Heute werden nun auch in der Schulmedizin wieder häufiger Heilpflanzen eingesetzt, nicht zuletzt wegen der oftmals starken Nebenwirkungen chemischer Arzneimittel. Symptomunterdrückung bedeutet keine Heilung! Auch die Patienten sind kritisch und verlangen oftmals alternative Heilmittel. Es ist abzusehen, daß die Heilpflanzenkunde eine hervorragende Zukunft in der Medizin hat.

Kräutertherapie

Für den Laien und zum Hausgebrauch sollten ungiftige Kräuter bevorzugt werden. Kräuter sind Drogen, und es bedarf der richtigen Dosierung. Die häufig propagierten »einen Teelöffel« Kraut auf eine Tasse sind meist viel zu stark und können Magenbeschwerden verursachen.

Wie in der Homöopathie gilt auch hier: »Weniger ist oft mehr«.

Die Wirkung der Heilpflanzen erfolgt auf zweifache Weise: Einmal werden durch Auswahl der richtigen Kräuter die Symptome einer Befindlichkeitsstörung sehr bald gelindert, jedoch nicht unterdrückt. Da man von allopathischen Mitteln ein rasches Erlöschen der Symptome kennt, erscheint dies oft als Nachteil der Kräutertherapie. Es ist jedoch wesentlich besser, Warnzeichen zu erhalten, bis eine wirkliche Heilung eingetreten ist, als lediglich ein Symptom auszuschalten und den Krankheitskeim weiterhin in sich zu tragen bzw. eine Verlagerung der Erkrankung auf andere Organe zu riskieren.

Beim Einsetzen von Kräutern als Hausmittel versetzt man den Körper in die Lage, mit der Erkrankung aus eigener Kraft fertig zu werden. Bei schweren Erkrankungen, bei denen die Körperabwehr nicht schnell genug gestärkt werden kann, ist es selbstverständlich notwendig, sofort ärztliche

Hilfe in Anspruch zu nehmen, die notfalls zunächst auch auf starke chemische Mittel zurückgreifen muß.

Für allgemeine Befindlichkeitsstörungen ist der Einsatz von Kräuterheilmitteln als Tees, Umschläge, Bäder und Salben sehr zu empfehlen.

Die fachliche Bezeichnung für Kräuter ist »Drogen«, was jedoch nichts mit Rausch- und Suchtmittel zu tun hat.

Bezugsquellen zur Beschaffung von Pflanzenheilmitteln sind Apotheken und Reformhäuser, Drogerien und der Versandhandel.

Kräuteranwendung

Es gibt Kräuter, die man frisch zubereiten kann, z.B. Gewürzkräuter sowie Löwenzahn oder Brennessel als Salat.

Heilkräfte der Teezubereitung

Es gibt verschiedene Arten der Teezubereitung, z.B. warm oder kalt und zur äußerlichen Anwendung. Bei den Rezeptempfehlungen dieses Buches wird die Zubereitungsart und magische Anwendung spezifiziert beschrieben.

Zur Teezubereitung eignen sich am besten Gefäße aus Porzellan oder Glas. Es muß ein Deckel verfügbar sein, damit das Gefäß während des Ziehens verschlossen werden kann.

Zwischendurch sollte der Tee mehrmals umgerührt werden. Danach wird er abgesiebt.

Bei der Teezubereitung gilt »eine Prise« als die Menge, die man zwischen Daumen und Zeigefinger greifen kann.

Nachstehend einige empfehlenswerte Teezubereitungen.

Tee für einen guten Nachtschlaf

Je Tasse eine Prise Baldrian mit kochendem Wasser übergießen und ca. zwei Minuten ziehen lassen (vor dem Schlafengehen eine Tasse trinken)

Tee gegen Nervösität, Kopfschmerzen, Migräne

Je Tasse eine Prise Melisse und Kamille mit kochendem Wasser übergießen und ca. fünf Minuten ziehen lassen (dreimal täglich eine Tasse trinken). Alternativ: Johanniskraut – gleiche Zubereitung, jedoch nur zwei Minuten ziehen lassen.

Heilende Wirkung auf Herzmuskel, -rhythmus, Durchblutung

Je Tasse eine Prise Weißdorn mit kochendem Wasser übergießen und ca. fünf Minuten ziehen lassen (dreimal täglich eine Tasse trinken)

Gegen Fäulnisdyspepsin und Blähungen:

Kardamom (typische Zugabe bei Mokka-Zubereitung).

Ein Spezialrezept nach Maurice Mességués:

»Glückstee«
(auch gegen Angstgefühle)

Je zwei Prisen Minze, Linde, Eisenkraut und Kamille pro Liter Wasser kochend übergießen und ca. drei Minuten ziehen lassen.
Einnahme nach Belieben.

Klimakterium

Je Tasse eine Prise Baldrian, Hopfen, Johanniskraut, Basilikum und Rose mit kochendem Wasser übergießen und ca. zwei Minuten ziehen lassen (vor dem Schlafengehen ein bis zwei Tassen trinken).

Menstruationsstörungen

Je Tasse eine Prise Kamille, Wermut, Schafgarbe, Minze, Brennessel und Salbei mit kochendem Wasser übergießen und ca. zwei Minuten ziehen lassen (dreimal täglich eine Tasse trinken).

Liebestee (geeignet für Frau und Mann)

Je Tasse eine Prise Lavendel, Rosmarin, Basilikum, Salbei und Anis und zwei Prisen Bohnenkraut mit kochendem Wasser übergießen und ca. zwei Minuten ziehen lassen (abends ein bis zwei Tassen trinken).

Es haben sich zusätzlich zur klassischen Kräutertherapie zwei weitere Formen entwickelt: Bachblütentherapie und Aromatherapie. Darüber gibt es entsprechende Fachliteratur, weshalb an dieser Stelle nur kurz darauf eingegangen wird.

Bei der Bachblütentherapie handelt es sich sich um Wirkstoffe, die nicht nach dem körperlichen Beschwerdebild, sondern nach dem seelischen Zustand des Patienten verordnet werden. Begründer dieser Therapie ist der englische Arzt Edward Bach (1880 bis 1936). Bei seinen Experimenten fand er insgesamt 38 wilde Blumen. Nach einer von ihm entwickelten Methode wurden die Blüten als Heilmittel zubereitet. Es werden mit den einzelnen Blüten bestimmte negative seelische Zustände behandelt.

Diese Therapie eignet sich gut zur Selbsthilfe. Hierzu benötigt man ein entsprechendes Fachbuch, das die nötigen Erklärungen und Anweisungen über Verwendungsmöglichkeiten enthält.

Düfte – Heilmittel, Sinnesreiz und Zauberkraft

Bei der Aromatherapie handelt es sich um »Heilung durch Duftstoffe«, mittels Essenzen, also dem ätherischen Teil der Pflanze. Magisch ausgedrückt handelt es sich um den »Geist der Pflanze«. Die Wirkung erfolgt über Geist, Gemüt und Nerven. Die äußerlich anzuwendenden Mittel sind so stark, daß sich ihre Wirkung bis in die inneren Organe erstreckt. Es besteht eine Beeinflussung des Organismus von außen nach innen.

Anwendungsarten sind: Einatmen des aromatischen Duftes, der über den Geruchssinn die verschiedenen Wirkungsweisen im Körper erzeugt. Auch Inhalationen mit ätherischen Ölen durch Dampf und Essenzen, Einreibungen und Badezusätze sowie die Verwendung von Essenzen bei Duftkissen zählen zur Aromatherapie.

In den magischen Ritualen werden Duftstoffe erwärmt und verteilen sich durch Verdampfung im Raum. Empfehlungen sind in den jeweiligen Ritualen angegeben.

Allgemein Wissenswertes, spezifische Wirkungen sowie besondere Rezepturen und empfehlenswerte Anwendungsrituale:

Blutdruck regulierend:
Lavendel, Muskatnuß

Für Hypertonie und Hypotonie:
Ysop

Blutdruck senkend:
Majoran, Melisse, Muskatellersalbei, Ylan-Ylang, Ysop, Melissenöl

Sedativ (nervenwirksame Stoffe mit vorwiegend beruhigender Wirkung bei Anwendung normaler Dosen):
Benzoe, Geranie, Jasmin, Kamille, Kampher, Lavendel, Majoran, Muskatellersalbei, Myrte, Orangenblüte, Patschouli, Rose, Sandelholz, Ylang-Ylang, Ysop, Zedernholz, Zypresse.

Günstig gegen Unfruchtbarkeit:
Jasmin, Melisse, Rose, Weihrauch (siehe auch »Moorbad«).

Günstig bei ungenügender Milchbildung stillender Mütter:
Fenchel und Jasmin; gegen Stauungen: Geranie, Pfefferminze.

Eisenkrautöl hilft und schützt beim Energieaufbau, beschleunigt geistige Prozesse; wirkt über das Basis-Chakra.

Lavendelöl hilft und schützt hypersensible Menschen mit leicht zu verletzendem Selbst.

Muskatellersalbei ist beruhigend, warm und verführerisch; löst Spannungen, verbreitet euphorische Stimmung, wirkt besonders über das Dritte Auge.

Olibanum (Weihrauch) aromatisch duftend, verfügt über machtvolle Heilkräfte, wirkt ausgleichend auf die Psyche, schafft die Verbindung zum »höheren« Bewußtsein. Seine kraftvolle Schwingung fördert spirituelle Erfahrungen und ist daher bestens geeignet für Meditationen.

Patschouli verbreitet einen sinnlichen, erotischen Duft, erweckt Lebenslust, befreit von Berührungsängsten, öffnet für sinnliche Begegnungen (Erotik, Gaumenfreude, vertiefte Naturwahrnehmungen). Besondere Wirkung wird über das Wurzelchakra erzielt.

Salbeiöl reinigt, heilt, kräftigt, stärkt das Denkvermögen und die Konzentration. Außerdem ist es gut geeignet, um höhere Bewußtseinszustände zu erreichen. Salbeiöl ist zur magischen Arbeit unbedingt notwendig.

Sandelholz verströmt Wärme und beruhigende Energie und schafft eine verständnisvolle Atmosphäre. Die Wirkung erstreckt sich besonders über das Herz- und Kehlchakra.

Teebaumöl wirkt antibakteriell, schützt gegen Infektionen. Die Wirkung erstreckt sich auf den gesamten Körper, neutralisiert schädliche Strahlungen, hilft gegen Überreaktionen und depressive Stimmungen, stärkt die Psyche. Teebaumöl trägt besonders über das »Dritte Auge« zur inneren Ruhe bei, was bei der Meditation förderlich ist.

Thymian stärkt und aktiviert Körper und Geist, schützt vor negativen Energien. Er wirkt antiseptisch, reinigend, stärkt das Basischakra und weckt Lebenskraft. Achtung: Thymianöl hat die seltene Eigenschaft, Störungen der Adrenalinausscheidung auszugleichen! Es sollte jedoch nicht pur auf die Haut aufgetragen werden.

Wacholderbeeren – ein mystischer Duft und magisches Schutzschild. Der Duft vertreibt Ängste, böse Mächte, negative Schwingungen. Er vermittelt ein Gefühl des Vertrauens und stärkt die Selbstsicherheit – Energieschub. Sehr gut geeignet zum Einreiben und für Fußbäder.

Rituelles Reinigungsbad

Je drei Tropfen Wacholderbeerenöl, Salbei und vier Tropfen Thymianöl werden in körperwarmes Wasser gemischt. Nachdem man genügend Zeit für die Entspannung vorgesehen hat, setzt man sich in das angenehm temperierte Wasser und taucht schließlich bis über die Schultern ein. Nun die Augen schließen. Atmen Sie tief und ruhig ein, nehmen Sie den Duft bewußt auf. Nach einer Weile lassen Sie etwas heißes Wasser nachfließen und geben sich anschließend wieder der wohligen Wärme und Ruhe hin. Visualisieren Sie nun ein sanftes, weißes Licht, das sich mehr und mehr verstärkt und einen Lichtkreis bildet. Sie fühlen sich geborgen und geschützt. Nehmen Sie das Licht tief in sich auf. Nach 10 bis 15 Minuten beenden Sie das Bad. Nach gründlichem Abtrocknen empfiehlt es sich, die Haut mit einem der aufgezeichneten Spezialöle einzureiben.

Bademischung für erholsamen Schlaf

Je drei Tropfen Orangenblütenöl, Kamillenöl und fünf Tropfen Lavendelöl werden in körperwarmes Wasser gemischt. Nachdem man genügend Zeit für die Entspannung vorgesehen hat, setzt man sich in das angenehm temperierte Wasser und taucht schließlich bis über die Schultern ein. Nun die

Augen schließen. Atmen Sie tief und ruhig ein, nehmen Sie den Duft bewußt auf ... Nach einer Weile lassen Sie etwas heißes Wasser nachfließen und geben sich anschließend wieder der wohligen Wärme und Ruhe hin.

Stellen Sie sich nun vor, wie der balsamische Blütenduft über Ihre Haut in Ihren Körper eindringt und sanft heilend auf Ihre Organe einwirkt ... Nach 10 bis 15 Minuten beendet man das Bad. Nach gründlichem Abtrocknen empfiehlt es sich, die Haut mit einem der aufgezeichneten Spezialöle einzureiben.

Wirkung und Anwendung der Erdkräfte

Gesundheit ist unser kostbarstes Gut. Diese gilt es zu bewahren und zu pflegen. Vorsorge gehört dazu an erster Stelle. Es sind die Abwehrkräfte zu stärken und die körpereigenen Selbstheilungs-Regulationen zu aktivieren. Hierbei ist dringend zu empfehlen, auf natürliche Mittel, wie zuvor bereits beschrieben, zurückzugreifen. Es würde den Rahmen dieses Buches überschreiten, an dieser Stelle auf alle wichtigen Naturheilmittel und Therapien einzugehen. So wird auf die der Thematik des Buches angepaßten wichtigen gesundheitsstärkenden Naturheilmittel näher eingegangen und entsprechende Anwendungen empfohlen.

Die *Erde* gehört neben den Heilpflanzen zu den wichtigsten Zusätzen der Wassertherapie. Vor Jahrtausenden bereits nutzte der Mensch die verschiedenen Erden zur Stärkung der Gesundheit und Heilung. In der Jetztzeit sind Lehm,

Schlamm und Moor anerkannte Heilmittel. Nachstehend werden die für den häuslichen Bereich, hier besonders für Frauen, äußerst wirksamen und gut durchführbaren Erdbehandlungen beschrieben.

Heilerde wird in verschiedenen Zubereitungen angeboten. Empfehlenswert bei Magen-Darm-Störungen, Blähungen sowie Bildung von Fäulnis- und Gärungsstoffen ist die innerliche Einnahme, und zwar über einen längeren Zeitraum hinweg. Die Giftstoffe werden dabei an die Erde gebunden und mit dem Stuhl ausgeschieden. Auch bei Durchfall und Darmentzündungen wirkt sich die Einnahme von Heilerde außerordentlich günstig aus. Heilerdeauflagen empfehlen sich bei fettiger, unreiner, entzündlicher Haut.

Lehmwickel haben sich bewährt bei Hautentzündungen, Eiterungen, Venenentzündungen, Verrenkungen, Verstauchungen, Gelenkrheuma, Blutergüssen sowie auch bei Verbrennungen. Er wird wie folgt durchgeführt: Ein Leinentuch (Größe entsprechend der Anwendungsform, also Arm-, Bein-, Fuß-, Brust-, Ganzwickel) wird in flüssige, kalte Lehmbrühe getaucht, leicht ausgewrungen und der zu behandelnde Körperteil damit eingewickelt. Darüber wird ein größeres, trockenes Leinentuch und zum Schluß eine große Wolldecke herumgewickelt. Die Tücher sollten möglichst glatt angelegt werden. Sie können jedes der Größe entsprechende vorhandene Leinentuch und jede Wolldecke verwenden, jedoch hält auch der Fachhandel spezielle Tücher bereit.

Fango besteht aus mineralhaltigem Schlamm vulkanischer Gebiete. Er wird zu heißen Auflagen und Wickeln bei rheumatischen Krankheitsformen, Narben- und Nervenschmerzen, schmerzenden Knochen, Muskeln und Gelenken sowie bei Frauenleiden gebraucht. Es gibt fertige Fangokompressen, die nach Gebrauchsanweisung angewendet werden. Um eine gute Wirkung zu erzielen, sollten die Anwendungen über einen längeren Zeitraum durchgeführt werden.

Moor ist eines der wirksamsten Zusätze der Wassertherapie. Zu den anorganischen Stoffen kommen noch organische Produkte und östrogenhaltige Pflanzenhormone hinzu. Moor kann zu Auflagen und Wickeln punktuell verwandt werden; anwendungsmäßig wie zuvor beschrieben. Die Anwendungsgebiete entsprechen denen des Fango, zusätzlich hilft es bei Kreislauf- und Durchblutungsstörungen, bei Hautleiden und Unterleibserkrankungen der Frau.

Bei Menstruationsstörungen, Wechseljahrs- oder allgemeinen Unterleibsbeschwerden sowie bei Kinderwunsch sind besonders *Moorbäder* zu empfehlen. Es gibt im einschlägigen Fachhandel fertige Zubereitungen, die verwendet werden können, ohne die Badewanne zu verschmutzen. Man sollte sich an die beschriebenen Anwendungsvorschriften halten. Ich empfehle, die Anfangstemperatur zwar gut warm einzustellen; sie muß jedoch als angenehm und gut verträglich empfunden werden. Nach einer Weile lassen Sie wiederum heißes Wasser nachfließen, denn das Bad sollte die vorgeschriebene, heiße Temperatur erreichen, damit eine höchstmögliche Heilwirkung erzielt werden kann.

Meditative Einstimmung zum Gesundheits- und Heilbad

Bitte genießen Sie dieses Bad in entspannter Stimmung, und sind Sie sich dabei bewußt, daß Sie Ihrem Körper wie auch Ihrer Psyche etwas außerordentlich Aufbauendes antun. Denken Sie dabei an die wertvollen Inhaltsstoffe des Moores, die sich in Jahrtausenden angesammelt haben und deren segensreiche Wirkung nun ausschließlich Ihrem Wohlbefinden dient. Dieses für Sie von der Schöpfung vorgesehene Wunder können Sie in Anspruch nehmen. Vergessen Sie nur nicht, dafür auch dankbar zu sein.

Wie am Anfang des Buches beschrieben, liegt eine magische Wirkung jeder unserer Handlungen zu Grunde. Sie haben es also selbst in der Hand, die zur Verfügung stehenden Energien in optimaler Weise zu nutzen.

VIII. LIEBE / PARTNERSCHAFT

Wer möchte nicht geliebt werden?

Es gibt wohl niemanden, der nicht geliebt werden möchte, obwohl jeder etwas anderes darunter verstehen mag. Für die Liebe – angefangen von der Mutterliebe bis zur echten Opferliebe durch Jesus Christus – gibt es unzählige Formen. Platon beschreibt es in seinem »Gastmahl«, hier in Kurzform zitiert, wie folgt:

»Sokrates fragte Diotima, Hohepriesterin, wie Liebe zu erklären sei. Sie antwortete ihm, daß man unter Liebe eine Art Leiter verstehen könnte, wobei die unterste Stufe ausschließlich mit Sexualität gleichzusetzen und unter der höchsten Stufe die Liebe zur Gottheit zu verstehen sei.«

Man sollte sich also zunächst fragen: »Auf welcher Stufe befindet sich das, was ich als Liebe empfinde?« Sicherlich wird eine irdische Liebe nicht die Vollkommenheit erreichen können. Einige Voraussetzungen sollten jedoch gegeben sein:

- gegenseitige Anziehung
- Verständnis und Toleranz
- Ziele miteinander anstreben, sich gegenseitig unterstützen

- Streitkultur, d.h. Argumente anhören und darüber nachdenken und erst dann entscheiden, ob Gegenargumente angebracht sind oder ob man das Argument des anderen akzeptieren kann.

Ich und Du

Das Ich stelle ich an den Anfang. Die Begründung liegt darin, daß, wenn ich nicht zu mir selbst stehe, mich achte und liebe sowie meine Fehler annehme und daran arbeite, dann bin ich auch nicht in der Lage, dies bei einem anderen Menschen zu können. Für das Du ist zu beachten, daß einem das Glück des anderen am Herzen liegen sollte.

»Wichtiger als geliebt zu werden, ist selbst zu lieben – ohne jede verpflichtende Einschränkung bzw. Erwartungshaltung, daß der geliebte Mensch jegliche Zuwendung auf Heller und Pfennig zurückzugeben hätte.«

Doch ist damit nicht eine »Opferlammhaltung« gemeint, die alles Leiden erträgt. »Opferlämmer« findet man oftmals in kindheitsgeschädigten Personen, die es gewohnt sind, ihre Energien aus dem Partner durch Leiden zu ziehen, um damit auch Erpressungsmöglichkeiten zu haben.

Das ist eine Perversion von Liebe, die in gesteigerter Form, d.h. bis zur Selbstaufgabe, als Hörigkeit bezeichnet wird und ihren schlimmsten Ausdruck in einer sado-masochistischen Beziehung findet.

Verwerflich ist es, eine Beziehung unter Zwang aufzubauen bzw. erhalten zu wollen. Das ist Mißbrauch der MAGIE im schwärzesten Sinne. Davor kann nicht oft genug gewarnt werden, denn man schädigt nicht nur den anderen, sondern auch sich selbst in höchstem Maße und verbaut sich unter Umständen eine schicksalhaft vorgesehene erfüllende, glückliche Gemeinschaft mit einem anderen Partner!

Lösen Sie sich auch von der Erwartungshaltung, daß der andere Mensch Ihre Probleme löst, Sie glücklich macht, Ihnen Sicherheit gibt, vielleicht sogar Ihre geheimsten Wünsche erkennt und erfüllt. Alles das liegt in und an Ihnen selbst. Achten Sie darauf, daß ein Gedankenaustausch lebendig bleibt, wobei nicht vergessen werden darf, wie unterschiedlich die Art und Weise ist, sich zu artikulieren. Es gibt auch Schweiger(innen), denen es aus verschiedenen Gründen schwerfällt, sich mitzuteilen. Hier heißt es, einfühlsam zu sein.

Die Rituale dienen unter anderem auch dazu, eine entspannende bzw. auflockernde Wirkung zu erzielen. Bei einem Liebes-Anziehungsritual sollte man die eigene Motivation gründlich überprüfen, und zwar

- warum will ich gerade diesen Menschen an mich ziehen, d.h. was steht hinter meinem zum Beispiel »besitzen wollen«, »Reiz des Unerreichbaren«, »Sozialbelange« oder einfach »nicht allein sein wollen«? Diese Gründe reichen nicht aus, einen anderen Menschen an sich binden zu wollen. Oder

- ist es die tief empfundene Sehnsucht, mit dem anderen verbunden zu sein, seine Nähe zu spüren, ihn die eigene Zuneigung spüren zu lassen?

Im übrigen nutzt ein Ritual nichts, wenn bei dem anderen Menschen keinerlei Schwingung für Sie vorhanden ist. Ein Ritual kann nur Feuer erzeugen, wenn ein entsprechender Funke vorhanden bzw. noch »Glut unter der Asche« ist.

Ritual: Anziehung eines bestimmten Partners

- Nordische Göttin: Freia

- RUNE: X GIFU

- Energie: Wasser
  Der Erzengel des Wasserelements ist Gabriel.

- Himmelsrichtung: Westen

- Planet: Venus

- Zeitpunkt: Freitag

Das Ritual ist insgesamt an sechs aufeinander folgenden Freitagen auszuführen, auch wenn sich vorher bereits ein Erfolg abzeichnet.

Günstige Uhrzeiten: 07.00-08.00 Uhr
14.00-15.00 Uhr
21.00-22.00 Uhr

- Mond: zunehmend, begünstigt im ersten Viertel. Achten Sie bitte darauf, daß bei der Ausführung des ersten Rituals für eine liebevolle, dauerhafte Beziehung der Mond im Zeichen Stier, Krebs, Löwe oder Waage stehen sollte. Widder, Zwilling, Jungfrau, Skorpion und Wassermann sollten gemieden werden. Die Aspekte zwischen Mond zu Sonne, Venus oder Jupiter sollten günstig sein. Mars-, Uranus-, Plutoaspekte sind zu meiden.

- Räucherwerk: Weihrauch; zusätzlich Rosenblütenblätter, Jasmin und Lavendel

- Ritualöl: je drei Tropfen Moschus, Patschouli, Bergamotte

- Kerzen: jeweils eine weiße, rote, goldene bzw. goldgelbe und grüne Kerze sowie eine kleine feuerfeste Schale zum Auffangen von Asche.

Die Kerzen werden wie folgt aufgestellt: Die weiße Kerze ganz vorn. Dahinter, in der Mitte des Tisches, links die rote, mittig die goldgelbe, rechts die grüne Kerze aufstellen. Das Weihrauchgefäß gehört in den hinteren Bereich des Tisches. Vor den drei in der Mitte plazierten Kerzen wird ein Foto und ein Symbol, z.B. eine rote Rose, hingelegt. Falls kein Bild vorhanden ist, genügt die rote Rose, in die das Bild des geliebten Partners projiziert wird.

Auf einem kleinen weißen Blatt Papier zeichnen Sie die Rune X GIFU. Es ist das Symbol unserer Vorfahren, das u.a. für »Geben und Nehmen« und für Liebe, Partnerschaft sowie für die Festigung von Beziehungen steht. Darunter schreiben Sie Ihren Liebeswunsch. Das Blatt legen Sie vorn auf den Tisch. Kurz vor Beginn der Planetenstunde nehmen Sie ein

Bad mit duftenden Kräutern, oder reinigen Sie Ihre Hände mit dem Gedanken, daß alle unreinen Energien abgewaschen werden. Dabei können Sie den Erzengel Gabriel um Hilfe bitten. Danach wird der Weihrauch angezündet und der Raum gereinigt.

Ablauf des Rituals:

Mit einem Streichholz zünden Sie die weiße Kerze an. Alle weiteren Kerzen werden mit dieser im Uhrzeigersinn angezündet, und zwar

- die grüne Kerze, und stellen Sie sich die Person, die Sie gewinnen wollen, deutlich vor (Sie können das Foto zu Hilfe nehmen)

- die goldgelbe, wobei Sie sich Ihrer Anziehungskraft voll bewußt sind. Sie spüren diese Energie in sich aufsteigen

- die rote Kerze im Gedenken an Ihre große Liebe und Sehnsucht, und stellen Sie sich vor, welche große Liebe für Sie empfunden wird.

Im Namen der liebenden Schöpferkraft rufen Sie den Erzengel Michael an und lesen danach den aufgeschriebenen Text laut und deutlich vor, unter völliger Identifizierung mit demselben. Es ist wichtig, daß Sie den Text nicht einfach herunterlesen, sondern sich den Inhalt dabei bildhaft vorstellen. Zum Schluß danken Sie dem Engel für das Anhören Ihrer Hoffnungen und Wünsche (keine Forderung!) und bitten um Hilfe. Danach sehen Sie sich noch einmal die Rune an und schließen die Augen. Lassen Sie die Rune vor Ihrem inneren Auge entstehen, legen Sie Ihre Wunschvorstellung in diese Form und bitten um Verwirklichung. Dabei können Sie sich einen unsichtbaren Lichtstrahl vorstellen, der direkt von der Rune aus in den Kosmos führt.

Anschließend falten Sie den Text zusammen und entzünden ihn an der grünen Kerze (nehmen Sie zum Halten eine Pinzette). Der brennende Rest kommt in die Schale und verbrennt dort zu Asche.

Nun entspannen Sie sich in einer meditativen Phase und beenden anschließend das Ritual, während die Kerzen in umgekehrter Reihenfolge gelöscht werden.

Nach Beendigung des Rituals schütten Sie diese Asche in ein reines Tuch oder Papier. Die Asche wird dann, wenn möglich, in einen Fluß gestreut oder Sie lassen sie im Wald oder auf der Wiese vom Winde verwehen.

Ritual: Anziehungskraft entfalten

Dieses Ritual entspricht dem vorherigen, jedoch mit folgenden Änderungen:

Stellen Sie sich zunächst selbstkritisch vor, was für ein Partner für Sie anziehend wirken könnte, und dann, woran Sie noch arbeiten wollen und was Sie wünschen, daß er es bei Ihnen tolerieren solllte.

Entwerfen Sie nun ein Gedankenbild Ihres Wunschpartners. Dabei sollte überlegt werden: »Was kann ich tolerieren, was kann ich keinesfalls akzeptieren, was würde mich unglücklich, was glücklich machen?« Denken Sie an den Wunschpartner.

Nachdem Sie, wie im ersten Ritual angegeben, Ihren Altar vorbereitet, die Kerzen und das Weihrauchgefäß aufgestellt haben, nehmen Sie ein rosafarbenes Blatt Papier, auf dem Sie wiederum die Rune GIFU zeichnen. Darunter schreiben Sie Ihren Wunsch nach einem für Sie passenden Liebespartner sowie die Bitte um Erhöhung Ihrer Anziehungskraft. Das Blatt legen Sie vorn auf den Tisch.

Ablauf des Rituals:

Mit einem Streichholz zünden Sie die weiße Kerze an. Alle weiteren Kerzen werden mit dieser im Uhrzeigersinn angezündet, und zwar

- die grüne Kerze, und stellen Sie sich dabei Ihren Wunschpartner, dessen Liebe Sie gewinnen wollen, deutlich vor, und denken Sie an die gewünschten, für eine tragfähige Partnerschaft vorauszusetzenden Eigenschaften und Fähigkeiten

- die goldgelbe Kerze, wobei Sie sich Ihrer Anziehungskraft voll bewußt sind. Öffnen Sie sich für die Liebe. Lassen Sie sich von diesem Gedanken, diesem Gefühl durchströmen ...

- die rote Kerze mit dem Gedanken an die große Liebe, die Sie beide bereits innig vereint.

Der weitere Ablauf und die Beendigung erfolgt wie im ersten Ritual angegeben.

Ritual: Feuer in bestehender Beziehung wieder anfachen

Bei einer bestehenden Partnerschaft denken Sie bitte immer daran, daß es für beide eine immerwährende Arbeit bedeutet, die Partnerschaft lebendig zu halten. Beide Teile befinden sich in einer ständigen Entwicklung, das heißt u.a. sich nahe zu sein und dennoch jedem genügend Freiraum zu geben. Es wird immer Phasen der Annäherung und der Entfernung voneinander geben. Das ist ein natürlicher Rhythmus, der eine Beziehung lebendig erhält.

Ablauf des Rituals:

- Planet: Venus+Mars

- Zeitpunkt/Planet: Montag/Mond, Donnerstag/Jupiter oder Freitag/Venus

Das Ritual ist so oft durchzuführen, wie es dem inneren Bedürfnis nach entspricht.

- Günstige Uhrzeiten:

Montag	Donnerstag	Freitag
05.00-06.00 Uhr	10.00-11.00 Uhr	07.00-08.00 Uhr
12.00-13.00 Uhr	17.00-18.00 Uhr	14.00-15.00 Uhr
19.00-20.00 Uhr		21.00-22.00 Uhr

* Mond: zunehmend, begünstigt im ersten Viertel. Für dieses Ritual ist es ideal, wenn der Mond im Zeichen des Löwen steht. Für Zärtlichkeiten wäre auch das Zeichen Krebs günstig. Das Zeichen Waage fördert die Harmonie in der Partnerschaft. Widder, Zwilling, Jungfrau, Skorpion und Wassermann sind problematisch. Die Aspekte zwischen Mond zu Sonne, Venus oder Jupiter sollten günstig sein. Keine negativen Marsaspekte!

* Räucherwerk: Rosenblütenblätter, Ylang-Ylang, Thymian, Kardamom, wenn erhältlich, noch Drachenblut dazu

* Ritualöl: Je drei Tropfen Wacholder, Patschouli, Pinie

* Kerzen: Eine rote, eine grüne Kerze sowie zusätzlich je gewähltem Tag, z.B. für Montag eine weiße, für Donnerstag eine dunkelblaue, für Freitag eine rosa Kerze.

Nachdem Sie den Altar wie in Kapitel II beschrieben vorbereitet haben, werden die Kerzen wie folgt aufgestellt: Die Tageskerze ganz vorn. Dahinter, in der Mitte des Tisches, links die grüne, rechts die rote Kerze. Vor den zwei in der Mitte plazierten Kerzen legen Sie eine rote und eine rosa Rose.

Auf einem kleinen rosafarbenen Blatt Papier zeichnen Sie das Venus- und das Marszeichen miteinander verbunden und umranden die Zeichnung mit einem roten Herz. Das Blatt legen Sie vorn auf den Altartisch.

Ablauf des Rituals:

Mit einem Streichholz zünden Sie die weiße Kerze an. Alle weiteren Kerzen werden mit dieser im Uhrzeigersinn angezündet, und zwar

- die grüne Kerze und konzentrieren Sie sich auf die geliebte Person und sprechen Sie: »Ich möchte Liebe empfangen und Liebe schenken.« Lassen Sie das Gefühl der Liebe in sich aufsteigen ... strömen lassen ... Liebe sein ...

- die rote Kerze mit Gedanken an eine harmonische, zärtliche Gemeinschaft, einer leidenschaftlichen Vereinigung. Visualisieren Sie sich in seinen Armen. Spüren Sie tiefe, innige Gefühle der Liebe ...

Der weitere Ablauf und die Beendigung erfolgt wie im ersten Ritual angegeben.

Trennungsmagie

Eine Trennungsmagie auszuführen, ist eine schwerwiegende Entscheidung und darf nicht leichtsinnig, aus einer einmaligen Situation heraus getroffen werden. Folgende Überlegungen sollten vorher angestellt werden:

Auf Grund welcher Motivation wünsche ich eine Trennung von meinem Partner/meiner Familie/meinem Geschäftspartner/meiner Firma, einer unangenehmen Eigenschaft? Was spricht gegen eine Trennung? Eine unbefriedigende, destruktive Partnerschaft, ganz gleich ob im Privat- oder Berufsleben, wäre ein ernstzunehmender und vertretbarer Trennungsgrund.

Bei der Trennungsmagie sollte man tunlichst nicht auf Rituale wie z.B. »Püppchen bespicken« oder sonstige, aus anderen Kulturkreisen stammenden Ritualen zurückgreifen, da die hiesigen Kenntnisse bei weitem nicht ausreichen bzw. deren Wirkungsweise bei uns nicht hinreichend bekannt und daher auch nicht berechenbar ist. Energiespeicherungen seitens unserer Vorfahren sind in ganz anderer Art vorhanden und gleichen eher dem nordamerikanischen Schamanentum als dem afrikanischen. Außerdem kann nicht genug davor gewarnt werden, einen bösen »Vernichtungszauber« durchzuführen, der letztendlich auf einen selbst zurückfällt. Dies gilt selbst bei lange durchstandener Leidenszeit. Aus diesem Grunde ist zunächst folgende Prüfung der Beweggründe und des Zieles durchzuführen:

- Durchleuchtung des Prinzips von Ursache – Wirkung, d.h. wie und wodurch ist die untragbare Situation entstanden und welchen Anteil habe ich daran?

- Was hat mich bisher daran gehindert, diese nicht mehr tragbare Beziehung aufzugeben?

Nach eingehender, gewissenhafter Prüfung aller Gegebenheiten und der zu erwartenden Konsequenzen könnte folgendes Ritual durchgeführt werden:

Ritual: Beendigung einer Beziehung

* Energie: Feuer
  Der Erzengel des Feuerelements ist Michael.

* Himmelsrichtung: Süden
* Planet: Mars
* Zeitpunkt: Dienstag

Das Ritual ist insgesamt an neun aufeinanderfolgenden Dienstagen auszuführen.

* Günstige Uhrzeiten: 07.00-08.00 Uhr
14.00-15.00 Uhr
21.00-22.00 Uhr
* Mond: abnehmend, im letzten Viertel, Beginn möglichst bei Neumond
* Räucherwerk: Weihrauch
* Ritualöl: Kampher (China)
* Ein geweihtes Messer zusätzlich bereitlegen!
* Kerzen: jeweils eine weiße und grüne Kerze.

Die Kerzen werden wie folgt aufgestellt: In der Mitte des Tisches links die weiße und rechts die grüne Kerze.

Vor den zwei in der Mitte stehenden Kerzen wird ein Foto oder ein Symbol, das für den Trennungswunsch steht, plaziert. Auf einem weißen, schwarz umrandeten Blatt Papier schreiben Sie in sauberer Schrift Ihren vorbereiteten Trennungstext, den Sie zunächst beim Anzünden der Kerzen rezitieren, z.B. »Trennung von dem, was nicht zusammenpaßt (beziehungsweise zusammengehört). Name und eventuell besonderer Trennungsgrund.«

Für die Anrufung bereiten Sie einen gesonderten Text vor. Nachstehend ein Beispiel für die Anrufung:

»Im Namen der liebenden Schöpferkraft,
rufe ich den Hüter des südlichen Tores,
Erzengel Michael mit dem Flammenschwert, an
und bitte um Hilfe und Unterstützung,
damit getrennt werde, was getrennt sein soll.

Ich werde dabei all meine Kraft und meinen Willen einsetzen, die Entscheidung jedoch den lichtvollen Kräften überlassen.

Der Neumond hilft bei der Trennung von ... und macht den Weg frei für einen hoffnungsvollen Neubeginn zum Nutzen und Segen aller Beteiligten.«

Kurz vor Beginn der Planetenstunde nehmen Sie ein Bad mit duftenden Kräutern, oder reinigen Sie Ihre Hände mit dem Gedanken, daß alle unreinen Energien abgewaschen werden. Dabei können Sie zusätzlich Gabriel, den Erzengel des Wasserelements, um Hilfe bitten. Danach wird der Weihrauch angezündet und der Raum gereinigt.

Ablauf des Rituals:

Mit einem Streichholz zünden Sie die vorn bei den Altarkerzen stehende weiße Kerze an. Alle weiteren Kerzen werden mit dieser im Gegenuhrzeigersinn angezündet, und zwar

- die grüne Kerze, und stellen Sie sich die Person, Sache oder Eigenschaft, von der Sie sich trennen wollen, deutlich vor (Sie können das Foto zur Hilfe nehmen), und denken Sie an den Trennungstext, der auf dem schwarz umrandeten Blatt Papier steht,

- die weiße Kerze, wobei Sie sich konzentriert vorstellen, daß die Trennung bereits vollzogen ist und Sie eine befreiende Energie in sich spüren.

Anschließend lesen Sie den aufgeschriebenen Text laut und deutlich, unter völliger Identifizierung mit demselben, vor. Es ist wichtig, daß Sie den Text nicht einfach herunterlesen, sondern sich den Inhalt dabei bildhaft vorstellen. Den Text mit klarer, ruhiger Stimme dreimal wiederholen. Danach schneiden Sie das Foto durch bzw. durchtrennen Sie das Symbol mit einem geweihten Messer. Zum Schluß danken Sie der liebenden Schöpferkraft, dem Engel sowie allen lichtvollen Kräften für ihre Hilfe.

Nun entspannen Sie sich in einer meditativen Phase und beenden anschließend das Ritual, indem die Kerzen in umgekehrter Reihenfolge gelöscht werden.

Nachdem dieses Ritual wie vorgeschrieben neunmal durchgeführt wurde, nehmen Sie das durchschnittene Foto, zerkleinern es völlig und wickeln es in das schwarz umrandete Papier ein. Nun sollte der Zauber gewirkt werden (Hexenritual), indem das Päckchen mit einer schwarzen Schnur straff umwickelt und mit einem fest zusammengezogenen Knoten versehen werden muß.

Dazu folgender Spruch:

»Dreimal drei, durch alle Kraft
soll dieser Zauber gewunden und gebunden sein.
Soll niemandem schaden und sich nicht zu mir wenden.
Durch meinen Willen sei es!«

Dieses gewirkte Päckchen sollte am besten an einer unwegsamen Stelle im Wald tief vergraben werden.

Warnung: Dieser Zauber ist sehr machtvoll, und es gibt kein zurück. Also sollte man keinesfalls aus einer Verärgerung heraus ein derartiges Ritual durchführen.

Trennungsängste

Die andere Seite sieht ganz anders aus: Es herrscht Zwiespalt über »Trennung oder Nichttrennung«. Auch hier ist die Motivation der schwankenden Einstellung zu ergründen.

Es gibt verschiedene Gründe, weshalb eine Trennung schwerfallen kann, z.B. aus wirtschaftlichen Gründen oder weil man es nicht gewohnt ist, sein Leben verantwortlich in eigene Hände zu nehmen Im ersten Fall kann eine Beratung bei einem Rechtsanwalt Klarheit schaffen, im anderen Fall sollte man ernsthaft überlegen, ob der Preis für eine »Zwangsgemeinschaft« nicht zu hoch ist. Welche Möglichkeiten bietet ein neu durchzustartender Lebensabschnitt!

Ritual: Neuer Lebensabschnitt

- Energie: Feuer
  Der Erzengel des Feuerelements ist Michael.

- Himmelsrichtung: Süden

- Planet: Mars

- Zeitpunkt: Dienstag

Das Ritual ist insgesamt an neun aufeinanderfolgenden Tagen auszuführen.

- Günstige Uhrzeiten: 07.00-08.00 Uhr
  14.00-15.00 Uhr
  21.00-22.00 Uhr

- Mond: zunehmend, im ersten Viertel beginnend

- Räucherwerk: Wacholder-, Beifuß-, Lorbeer-Mischung

- Ritualöl: Grapefruit, Lavendel (wenn erhältlich, wäre Narde-Öl zusätzlich zu empfehlen, da es die Erdverbundenheit und Körperkräfte stärkt sowie bei der Verwirklichung von Potentialen und gefaßten Plänen hilft.)

- Kerzen: jeweils eine goldene und violette Kerze.

Die Kerzen werden in der Mitte des Tisches, links die goldene, rechts die violette Kerze, aufgestellt.

Vor den zwei in der Mitte stehenden Kerzen wird ein Symbol, das für Hoffnung und Erfolg (z.B. ein Edelstein – siehe Kapitel VI – oder ein Glücksbringer usw.) steht, plaziert.

Auf einem weißen Blatt Papier schreiben Sie in sauberer Schrift Ihren vorbereiteten Text, den Sie zunächst beim Anzünden der Kerzen rezitieren, z. B. bei der goldenen Kerze: »Das Licht der goldenen Kerze gibt mir Hoffnung und Vertrauen für meinen neuen Lebensabschnitt.« , z.B. bei der violetten Kerze: »Das Licht der violetten Kerze gibt mir innere Stärke, ihre Kräfte brennen in mir und werden jeden Tag stärker.«

Ein gesonderter Ritual-Text ist vorzubereiten, den Sie vorn auf den Tisch legen. Nachstehend ein Textbeispiel:

»Wie die Kräfte des zunehmenden Mondes wachsen auch meine Kräftc, werden stetig stärker und erneuern sich ständig. Ich habe Vertrauen und habe die Stärke, meine Potentiale zu verwirklichen. So sei es!«

Danach wird der Weihrauch angezündet und der Raum gereinigt.

Ablauf des Rituals:

Mit einem Streichholz zünden Sie die vorn bei den Altarkerzen stehende weiße Kerze an. Alle weiteren Kerzen werden mit dieser im Uhrzeigersinn angezündet, und zwar

- die goldene Kerze mit dem vorbereiteten Text,

- die violette Kerze, ebenfalls mit dem hierfür vorbereiteten Text.

Visualisieren Sie nun ein violettes Licht. Lassen Sie dieses Licht immer stärker, immer deutlicher werden, bis Sie davon völlig eingehüllt sind. Nehmen Sie dieses violette Licht tief in sich auf. Führen Sie diese Visualisierung solange durch, wie es Ihnen gelingt.

Anschließend lesen Sie den aufgeschriebenen Text mit klarer, ruhiger Stimme dreimal laut vor. Den Abschluß bildet wieder der Dank an die liebende Schöpferkraft, dem Engel sowie allen lichtvollen Kräften.

Nun entspannen Sie sich in einer meditativen Phase und beenden anschließend das Ritual, indem die Kerzen in umgekehrter Reihenfolge gelöscht werden.

IX. Heim und Familie

Heim als Hort

Das Heim als Hort und Stätte liebevoller Geborgenheit, eingebunden in eine verständnisvolle Partnerbeziehung, ist ein erstrebenswertes Ziel, für dessen Erreichung gearbeitet werden muß. Wer Geborgenheit sucht, muß in sich geborgen sein. Erst dann wird man einen entsprechenden Partner anziehen, der Geborgenheit vermitteln kann.

Für die Erfüllung eines Kinderwunsches ist es notwendig, im Umfeld eine liebe- und verständnisvolle Atmosphäre zu schaffen. Voraussetzung hierfür ist, daß beide Partner mit der ihnen zufallenden Rolle zufrieden sind und darin ihre Erfüllung finden. Ein Mann geht seinen beruflichen Weg. Wie aber sieht es bei der Frau aus? Ist sie erfüllt von ihren hausfraulichen Tätigkeiten, die sie sehr wahrscheinlich in den ersten drei bis vier Jahren nach der Geburt ihres Kindes ausschließlich ausführen wird?

Frauen, Söhne und Töchter

Frauen sind stark, Frauen haben Macht, Frauen erziehen Söhne! »Wie erziehen Sie Ihren Sohn, Ihre Söhne – und wie Ihre Tochter, Ihre Töchter?«

»Möchten Sie starke, selbstbewußte Töchter?«

Dann verlangen Sie von ihnen nicht die ausschließlichen hausfraulichen Hilfeleistungen, sondern geben Sie ihnen die gleichen Freiheiten wie Ihren Söhnen. Dann werden auch die Töchter sich voll entfalten und sich im späteren Berufsleben erfolgreich durchsetzen können.

»Möchten Sie verständnisvolle, hilfsbereite Söhne?«

Dann räumen Sie ihnen nicht alles nach, übergeben Sie auch ihnen kleine Pflichten im Haushalt und - Männer dürfen auch weinen. Dann werden sie im späteren Berufsleben das nötige Gespür für Menschen und Situationen haben und in einer Partnerschaft liebevoll miteinander umgehen können.

Vorschule, Gedicht zum Nachdenken

Als ich ein Kind war
erweckten mich die Strahlen der Sonne.
Sie forderten mich auf zu beginnen,
so ich spürte die Kraft
und ich war dankbar und glücklich ...

Als ich ein Kind war
spürte ich den Lebenssaft des Baumes.
Pulsierende Ströme gaben mir Mut,
so ich spürte die Kraft
und ich war dankbar und glücklich ...

Als ich ein Kind war
erwachte ich durch Fächeln des Windes,
und ich erkannte mich im klaren Geist,
so ich spürte die Kraft
und ich war dankbar und glücklich ...

Als ich ein Kind war
erstarkte mich die Ruhe der Erde,
gab mir das Gefühl der Geborgenheit,
so ich spürte die Kraft
und ich war dankbar und glücklich ...

Kinder und Gesundheit

Vorab: Kinder sollten weder verzärtelt, noch gewaltsam abgehärtet werden. Wichtig ist eine natürliche Lebensweise, wobei man heute leider auf zusätzliche Vitaminzugaben nicht verzichten kann, da das angebotene frische Gemüse und Obst, selbst bei natürlichem Anbau, den Körper nicht mehr ausreichend mit lebenswichtigen Stoffen versorgen kann.

Neben dieser Versorgung ist es äußerst wichtig, auf die psychische Entwicklung des Kindes zu achten. Die Geborgenheit im Wissen einer kosmischen Schöpferkraft sollte altersgemäß durch entsprechende Märchen, Legenden, Mythen und biblische Geschichten weitergegeben werden.

Es ist unbedingt eine rigide bzw. bigotte Einstellung zu meiden, damit die Kinder ein freies Gottesvertrauen entwickeln können, frei von Fanatismus, Missionsdrang oder gar einer Vorstellung des »Ausgewähltseins«.

Zur körperlichen Stärkung und auch als Verteidigungsschulung ist für Mädchen und Jungs gleichermaßen eine frühzeitige Kampfsportschulung zu empfehlen. Hier jedoch wäre besonders darauf zu achten, daß die philosophischen und moralischen Wertmaßstäbe nicht zu kurz kommen. Empfehlenswert ist zum Beispiel Kung-Fu der Shaolin. Die Sportschule müßte allerdings gründlich überprüft werden, da auch hier bereits vielerorts einzig auf Kampftechniken Wert gelegt wird.

Luftkurbad – Hilfe bei Erkältungskrankheiten

Erfahrungsbericht:

Im Frühjahr passierte es. Der etwa einjährige Sohn einer Freundin von mir war erkältet und bekam hohes Fieber. Er war sehr unruhig, die Atmung gestört, und er konnte sich auf diese Weise auch nicht »gesundschlafen«. Fiebersenkende und schlaffördernde Mittel wollte ich nicht empfehlen. So schlug ich vor, ihn warm einzuwickeln und an die frische Luft des nahegelegenen Waldes zu fahren. So geschah es auch. Er wurde in den Sportwagen gesetzt und in den nahegelegenen Wald gefahren. Die Luft war mild und klar. Ab und zu drangen Sonnenstrahlen schimmernd durch die Baumwipfel. Bereits nach fünf Minuten atmete der Kleine ruhig und war bald fest eingeschlafen. So wurde er langsam durch den Wald geschoben.

Meine Freundin und ich verhielten uns still und genossen den Anblick des ersten zarten Grüns, das Erwachen der Natur, den Duft des Waldes. Nach etwa eineinhalb Stunden erwachte das Kind und blickte mit klaren Augen um sich. Ich erkannte sofort, daß sich das Fieber erheblich gesenkt haben mußte. So gingen wir nach Hause. Es zeigte sich dann, daß die Temperatur des Kindes wieder auf den Normalzustand gefallen war. Schon am nächsten Tag war das Schlimmste überstanden.

Ich kann ein solches Luftkurbad sehr empfehlen. Das Kind muß jedoch gut, und vor allen Dingen windgeschützt, eingepackt sein. Allerdings sollte es wirklich genügend Luft bekommen!

Sonne/Mond – Lichtenergiemassage

Bereits beim Säugling könnte mit einer sanften Massage wie folgt begonnen werden:

Sonnenlichtenergie

Das Kind liegt auf dem Rücken. Sie selbst befinden sich in einer entspannten Stimmung und atmen ruhig ein und aus. Mit warmen Händen und etwas Teebaum-Massageöl (nähere Beschreibung siehe Kapitel VII) beginnen Sie an den Fußinnenseiten aufwärts bis zur rechten und linken Mitte des Brustkorbes zu streichen, dann über dem Schambein beginnend eine Linie in Brustmitte bis hoch zum Kinn.

Widmen Sie sich in Gedanken ganz dem Wohlbefinden Ihres Kindes, und massieren Sie dabei sanft weiter, beginnend von den Daumeninnenflächen der Linie folgend nach oben bis zu den Schlüsselbeinen, anschließend vom kleinen Finger hoch über die äußeren Achselhöhlen im Bogen bis zum oberen Brustbereich.

Mondlichtenergie

Legen Sie das Kind nun auf den Bauch, Köpfchen zur Seite. Beginnen Sie rechts und links vom obersten Scheitelpunkt nach unten bis zum Kreuzbein und dann mit sanftem Schwung bis über die Pobacken zu streichen. Danach rechts und links vom Nacken ansetzend über den äußeren Schulterbereich über die Armlinien nach unten zu den äußeren Handflächen, an den Daumen außen endend, streichen.

Die zweite Linie wird jeweils in Schultermitte angesetzt, über Armaußenseiten und Ellenbogen nach unten streichen, endend an den Handaußenflächen zwischen Zeige- und Mittelfinger.

Die letzte Streichellinie beginnt oberhalb der Schulterblätter und verläuft an den äußeren Armflächen, jeweils endend am kleinen Finger der Handaußenflächen. Nun sollte sich Ihr Kind sehr wohl fühlen.

Diese Lichtenergiemassage eignet sich übrigens auch ausgezeichnet zur Partnermassage.

Stärkung des Immunsystems

Finnische wissenschaftliche Studien mit Säuglingen bis zu einem Jahr, die auf der heißen Saunabank untersucht wurden, haben die Unschädlichkeit der Hitze bewiesen.

Auch bei uns setzt sich die Teilnahme von Kindern am Saunabaden mehr und mehr durch. In öffentlichen Bädern sind Kinder meist ab dem dritten Lebenjahr zugelassen, unter der Voraussetzung, daß sie bereits sauber sind und den Erklärungen folgen können.

Kinder gehen gern in die Sauna, bietet diese doch genügend Abwechslung. Neben dem Erlebnis von Hitze und Luftbad gibt es noch zahlreiche Vergnügen mit Wasser, wie z.B. Dusche, Schlauch und kaltes Tauchbecken.

Die typischen positiven Sauna-Wirkungen gelten auch für Kinder. Besonders wichtig ist die Abhärtung, denn es gibt zuviele sogenannte »Schnupfenkinder«.

Für Jugendliche wirkt sich die Sauna – einschließlich einer sich natürlich ergebenden Reinlichkeitserziehung – auch auf das oftmals durch Schulstreß und eventuelle Reizüberflutung durch Fernsehen, Computerspiele und Discos überreizte Nervensystem wohltuend aus.

Über die Durchführung eines Saunabades wurde ausführlich unter Kapitel IV »Indianische Schwitzhütte – Geheimnis Sauna« geschrieben.

Ritual: Atmosphäre im häuslichen Bereich verbessern

- Nordische Göttin: Freia
- Rune: Bjarka
- Energie: Wasser
  Der Erzengel des Wasserelements ist Gabriel.
- Himmelsrichtung: Westen
- Planet: Venus
- Zeitpunkt: Freitag

Das Ritual ist insgesamt an sechs aufeinanderfolgenden Freitagen auszuführen.

- Günstige Uhrzeiten: 07.00-08.00 Uhr
  14.00-15.00 Uhr
  21.00-22.00 Uhr
- Mond: zunehmend, günstig im Krebs, auch Waage, Stier, Löwe
- Räucherwerk: Weihrauch, dazu Rosenblütenblätter, Lavendel
- Ritualöl: Benzoe, Narzisse, Hyazinthe oder Ingwer

* Kerzen: zwei weiße sowie jeweils eine grüne, hellblaue und gelbe Kerze.

Die Kerzen werden wie folgt aufgestellt: Eine weiße Kerze ganz vorn und in der Mitte des Tisches links die weiße, dann die grüne, die hellblaue und die gelbe Kerze. Vor den zwei in der Mitte stehenden Kerzen wird ein Symbol, bezogen auf den Wunsch, plaziert. Sehr schön wäre zum Beispiel ein Familienfoto. Auf einem kleinen weißen Blatt Papier zeichnen Sie die Rune Bjarka, die die weibliche Kraft der Schöpfung versinnbildlicht und unter anderem für Familienglück, Partnerschaften und Schutz steht. Darunter formulieren Sie in Kurzform Ihren Wunsch, den Sie beim Anzünden der Kerzen verwenden.

Den Vortragstext bereiten Sie gesondert vor. Beim Entwerfen des Textes gehen Sie auf die spezielle Problematik in Ihrer Familie ein. Bitten Sie für die Lösung um Hilfe der liebenden Schöpferkraft bzw. der für Ihre Religion stehenden Bezeichnung Gottes. Bitten Sie um Unterstützung durch die positiven kosmischen Energien, die sich in der Rune Bjarka gezielt manifestieren können. Es ist wichtig, daß Sie gleichzeitig einfügen, was Sie selbst zu tun bereit sind, um Harmonie und tolerantes Miteinander zu erreichen. Das Blatt legen Sie vorn auf den Tisch. Danach wird der Weihrauch angezündet und der Raum gereinigt.

Ablauf des Rituals:

Mit einem Streichholz zünden Sie die vorn bei den Altarkerzen stehende weiße Kerze an. Es folgt das Salben der mittig stehenden Kerzen. Danach wird das Räucherwerk angezündet. Alle weiteren Kerzen werden mit der weißen Kerze im Uhrzeigersinn angezündet, und zwar

- die weiße mit der kurzen Wunschformulierung
- die grüne mit der kurzen Wunschformulierung
- die hellblaue mit der kurzen Wunschformulierung
- die gelbe Kerze, indem Sie verdeutlichen, daß das Ritual zu Ihnen selbst in Beziehung steht.

Entspannen und konzentrieren Sie sich auf die Visualisierung Ihres Wunsches mit der Vorstellung, daß der Wunsch bereits verwirklicht ist.

Beispiel: Sie sehen sich im Kreis Ihrer Familie. Sie fühlen sich ruhig und sicher und spüren, wie Sie dieses Gefühl auf Ihre Angehörigen übertragen und ihnen Sicherheit gibt, daß sie verstanden, angenommen und mit Toleranz behandelt werden. Probleme werden in Ruhe besprochen und gemeinsam gemeistert. Sie spüren, wie sich die Atmosphäre mit jedem Tag verbessert. Lassen Sie sich vom Glücksgefühl durchströmen.

Nach einigen ruhigen, tiefen Atemzügen tragen Sie Ihren Ritualtext vor. Wiederholen Sie den Text so oft, bis die Konzentration und Überzeugungskraft nachläßt. Machen Sie zwischendurch immer eine kleine Atempause. Danach entspannen Sie sich in einer meditativen Phase und beenden anschließend das Ritual, indem Sie die Kerzen in umgekehrter Reihenfolge löschen.

X. Schule – Ausbildung – Beruf

Hilfe bei Lernschwierigkeiten

Abgesehen von körperlichen Schwächeeinbrüchen, die ärztlicherseits abgeklärt werden müssen, treten Lernschwierigkeiten häufig durch mangelnde Konzentration sowie Leistungsdruck auf. Als Hilfestellung zur Behebung dieser Schwierigkeiten sind nachstehend einige Übungen aufgeführt.

Streß- und Spannungsabbau Kurzprogramme

1. Bei hyperaktiven Kindern wären Muskelentspannungsübungen sehr zu empfehlen. Näheres ist der Körper-Entspannungsübung aus Kapitel V zu entnehmen. Danach sollte

2. eine Atemübung zur Staulösung folgen. Atem ist gleich Lebenskraft. Der Fluß des Atems bedeutet ein Ansteigen und Abfallen der Energien. Die Atmung ist zunächst zu vertiefen, indem langsamer ein- und ausgeatmet wird. Grundsätzlich ist durch die Nase zu atmen. Eine Übung aus dem Yoga »Su Haam-Mantra«: Beim Einatmen wird der **Su**-Klang gesprochen, beim Ausatmen der **Haam**-Klang. Zwischen Ein- und Ausatmen ist eine Pause von ca. drei Sekunden einzulegen.

3. Entspannungsübung

»Hebe Dein rechtes Bein. Halte es waagerecht ausgestreckt. Halte es ausgestreckt, bis Du fühlst, wie es schwer und warm wird. Halte es unverkrampft ausgestreckt, bis es zu sinken beginnt. Lasse das Bein auf die Unterlage sinken.

Hebe Dein linkes Bein. Halte es waagerecht ausgestreckt. Halte es ausgestreckt, bis Du fühlst, wie es schwer und warm wird. Halte es unverkrampft ausgestreckt, bis es zu sinken beginnt. Lasse das Bein auf die Unterlage sinken.

Hebe Deinen rechten Arm. Halte ihn waagerecht ausgestreckt. Halte ihn ausgestreckt, bis Du fühlst, wie er schwer und warm wird. Halte ihn unverkrampft ausgestreckt, bis er zu sinken beginnt. Lasse den Arm auf die Unterlage sinken.

Hebe Deinen linken Arm. Halte ihn waagerecht ausgestreckt. Halte ihn ausgestreckt, bis Du fühlst, wie er schwer und warm wird. Halte ihn unverkrampft ausgestreckt, bis er zu sinken beginnt. Lasse den Arm auf die Unterlage sinken.

Du spürst nun, wie Dein Körper schwer und entspannt auf der Unterlage liegt. Du brauchst nichts tun. Genieße das Gefühl der Entspannung solange es Dir gefällt.«

Diese zusammengefaßten Kurzprogramme eignen sich besonders gut für Ungeduldige und Menschen, denen es schwerfällt, die Konzentration über längere Zeit aufrecht zu erhalten. Sie erreichen deshalb in kurzer Zeit gute Ergebnisse.

Ritual: Mentale Fähigkeiten und Kreativität

- Energie: Luft
  Der Erzengel des Luftelements ist Raphael.

- Himmelsrichtung: Osten

- Planet: Merkur

- Zeitpunkt: Mittwoch

Das Ritual ist jeweils mittwochs an fünf aufeinanderfolgenden Tagen auszuführen.

- Günstige Uhrzeiten: 07.00-08.00 Uhr
  14.00-15.00 Uhr
  21.00-22.00 Uhr

- Mond: zunehmend

- Räucherwerk: Reinigungs-Weihrauch Olibanum, zusätzlich eine Mischung aus Eisenkraut, Rosmarin, Orangen- und Zitronenschalen zu gleichen Teilen

- Ritualöl: Mischung aus Sandelholz und Zimt

- Kerzen: jeweils eine lila, eine gelbe und eine blaue Kerze.

Die Kerzen werden wie folgt aufgestellt: In der Mitte des Tisches links die lila, mittig die gelbe, rechts die blaue Kerze. Vor den drei in der Mitte befindlichen Kerzen wird ein Symbol, bezogen auf den gewünschten Erfolg (beispielsweise ein Kristall – siehe hierzu Kapitel VI unter »Die heilende Kraft der Steine«), plaziert. Auf einem weißen Blatt Papier schreiben Sie in Kurzform eine Wunschformulierung, die Sie beim Anzünden der entsprechenden Kerze verwenden. Das Blatt legen Sie vorn auf den Tisch. Weitere Vorbereitungen sind wie in Kapitel II beschrieben zu treffen. Danach folgt der

Ablauf des Rituals:

Mit einem Streichholz zünden Sie die zwischen den vorn links und rechts aufgestellten Altarkerzen stehende weiße Kerze an und mit dieser die Altarkerzen. Es folgt das Salben der mittig stehenden Kerzen. Danach wird das Räucherwerk angezündet. Alle weiteren Kerzen werden wiederum mit der vorn stehenden weißen Kerze im Uhrzeigersinn angezündet, und zwar

- die lila Kerze mit der kurzen Wunschformulierung, z.B.: »Wie diese Flamme Licht und Wärme erzeugt, werde ich, (Name), meine mentalen Fähigkeiten steigern und diese zum richtigen Zeitpunkt einsetzen.«

- die gelbe Kerze mit der kurzen Wunschformulierung, z.B. »Gleich der Kraft des gelben Lichtes wird sich mein Denkvermögen und meine Kreativität verwirklichen. Ich bin kraftvoll, optimistisch und kontaktfreudig.«

- die blaue Kerze mit der kurzen Wunschformulierung, z.B.: »Die blaue Flamme steht für meine spirituellen Fähigkeiten, für Frieden und Harmonie. Alle Fähigkeiten sind vorhanden und nehmen von Tag zu Tag zu.«

Entspannung und Konzentration auf die Visualisierung Ihrer mentalen Fähigkeiten und Ihrer Kreativität mit der Vorstellung, daß sich diese dreifach verstärken. Stellen Sie sich vor, daß Sie von einem lila Licht umhüllt sind, das immer klarer, immer leuchtender wird. Sprechen Sie konzentriert: »So wie das Licht um mich immer stärker leuchtet, so wachsen meine mentalen Fähigkeiten, und meine schöpferische Kraft verwirklicht sich gestalterisch.« Lassen Sie das lila Licht noch einmal aufleuchten und bestätigen Sie dreimal: »So sei es, so ist es, so bleibt es.«

Nun entspannen Sie sich in einer meditativen Phase und beenden Sie anschließend das Ritual, indem die Kerzen in umgekehrter Reihenfolge gelöscht werden.

Arbeit – Sinn und Ziel

Eine Arbeit kann nur gelingen, wenn man sich voll darauf konzentriert und nicht nur auf das Ergebnis abzielt, den Erfolg, den materiellen Gewinn. Das bedeutet oftmals Überwindung eigener Schwäche und Antriebslosigkeit. Es ist von Wichtigkeit, daß alles, was man tut, auch im Sinne der Gemeinschaft steht und deren Bedürfnissen entspricht – ganz gleich, ob man beispielsweise bei der Müllbeseitigung oder als Hausfrau tätig oder als Manager verantwortlich ist. Sinnvolle Arbeit bedeutet Befriedigung über materielle Ergebnisse hinaus. Den Sinn in jeder zu verrichtenden Arbeit zu finden und die verantwortungsvolle Ausführung derselben, kann Mittel und Ziel einer Entwicklung der Persönlichkeit sein.

Ritual: Erfolg in der Arbeit

- Energie: Feuer
  Der Erzengel des Feuerelements ist Michael.

- Himmelsrichtung: Süden

- Planet: Sonne

- Zeitpunkt: Sonntag

Das Ritual ist einmal, bei Schwierigkeiten an vier aufeinanderfolgenden Sonntagen auszuführen.

- Günstige Uhrzeiten: 07.00-08.00 Uhr
  14.00-15.00 Uhr
  21.00-22.00 Uhr

- Mond: zunehmend, begünstigt im ersten Viertel

- Räucherwerk: Reinigungs-Weihrauch: Olibanum, zusätzlich: Mischung aus Rosen-, Lavendel-, Orangenblüten, Salbei und Benzoe zu gleichen Teilen

- Ritualöl: Apfelblüten mit Olivenöl, Bergamotte

- Kerzen: jeweils eine weiße, gelbe und drei rote Kerzen sowie eine kleine feuerfeste Schale zum Auffangen von Asche.

Die Kerzen werden wie folgt aufgestellt: In der Mitte des Tisches links die weiße, mittig die drei roten, rechts die gelbe Kerze. Vor den drei in der Mitte befindlichen Kerzen wird ein Symbol, bezogen auf den gewünschten Erfolg, plaziert. In Kurzform Wunschformulierung, die Sie beim Anzünden der Kerzen verwenden. Auf einem weißen Blatt Papier oder, wenn möglich, Pergament, schreiben Sie in sauberer Schrift Ihren vorbereiteten Vortragstext. Nachstehend ein Beispieltext, den Sie Ihrem Wunsch bzw. einem besonderen Zweck entsprechend abändern bzw. neu formulieren können:

»Michael, Hüter des südlichen Tores,

Lichtvolle Kräfte,

Ich rufe Euch zur Unterstützung!

Ich bündele all meine Energie,

Wollen, Willen, Wagen, Vollenden.

Meine Arbeit wird gelingen.

Die Kraft der Sonne ist in mir.

Das Rot bringt Begeisterung,

Der zunehmende Mond Wachstum.

Erfolg ist beschieden.«

Der vorstehende Text enthält die Anrufung lichtvoller kosmischer Kräfte, die Zielvorstellung und die Zusage, selbst etwas zu tun. Das Blatt legen Sie vorn auf den Tisch. Weitere Vorbereitungen sind wie in Kapitel II beschrieben zu treffen.

Ablauf des Rituals:

Mit einem Streichholz zünden Sie die zwischen den vorn links und rechts aufgestellten Altarkerzen weiße Kerze an und mit dieser die Altarkerzen. Es folgt das Salben der mittig stehenden Kerzen. Danach wird das Räucherwerk angezündet. Alle weiteren Kerzen werden wiederum mit der vorn stehenden weißen Kerze im Uhrzeigersinn angezündet, und zwar

- die weiße Kerze mit der kurzen Wunschformulierung
- die drei roten mit der kurzen Wunschformulierung
- die gelbe Kerze, indem Sie verdeutlichen, daß das Ritual zu Ihnen selbst in Beziehung steht.

Entspannen und konzentrieren Sie sich auf die Visualisierung Ihres Wunsches mit der Vorstellung, daß der Wunsch bereits verwirklicht ist. Beispiel: Sie sehen sich bei Ihrer Arbeit, die Sie ruhig, sicher und mit Freude ausführen. Alle eventuell auftretenden Störfaktoren lassen Sie an sich abgleiten. Sie stehen über den Dingen. Lassen Sie sich vom Glücksgefühl durchströmen über eine korrekt abgeschlossene, gut gelungene Arbeit. (Im übrigen: Auch Aktenordnen und Butterbrote schmieren gehört dazu. Es gibt keine minderwertige Arbeit, nur eine minderwertige Ausführung – und das liegt an jedem selbst.)

Nach einigen ruhigen, tiefen Atemzügen tragen Sie Ihren Ritualtext vor. Diesen wiederholen Sie so oft, bis die Konzentration und Überzeugungskraft nachläßt. Vergessen Sie nicht, zwischendurch immer eine kleine Atempause einzulegen. Nun entspannen Sie sich in einer meditativen Phase und beenden Sie anschließend das Ritual, indem die Kerzen in umgekehrter Reihenfolge gelöscht werden.

Intrigen

Fast jede Berufstätige hat schon einmal die bittere Erfahrung des Neides, des Abgeschnittenseins von der Kollegenschaft, der Bösartigkeit und Intrigen, der ungerechten Behandlung seitens Vorgesetzter ertragen müssen. Auch Hausfrauen bleiben hiervon, oftmals leider von der Nachbarschaft aus, nicht verschont. Ängste, den Arbeitsplatz zu verlieren, führen zur Unsicherheit. Man blockiert sich dadurch selbst und ist immer weniger in der Lage, die erwünschte und erwartete Leistung zu erbringen. Die Unsicherheit wird immer stärker und im Umfeld spürbar. Wasser auf die Mühle der anderen Mitarbeiter, die immer stärker versuchen, ihre eigene Position zu festigen und durch Tratsch und Klatsch von sich selbst und ihren eigenen ungenügenden Leistungen abzulenken.

Ist das erst einmal erkannt, müssen die eigenen Ängste besiegt werden. Das kann durch das Erfolgsritual erfolgreich durchgesetzt werden. Gegen bösartige Angriffe ist das nachstehende Ritual äußerst hilfreich.

Ritual: Schutz gegen Mißgunst und Mobbing

- Energie: Luft
  Der Erzengel des Luftelements ist Rafael.

- Himmelsrichtung: Osten

- Planet: Merkur

- Zeitpunkt: Mittwoch

Das Ritual ist mittwochs, fünfmal aufeinanderfolgend, auszuführen.

- Günstige Uhrzeiten: 07.00-08.00 Uhr
  14.00-15.00 Uhr
  21.00-22.00 Uhr

- Mond: abnehmend, begünstigt im ersten Viertel

- Räucherwerk: Reinigungs-Weihrauch: Olibanum, zusätzlich: Mischung aus Wacholder, Beifuß, Lorbeer, Salbei zu gleichen Teilen

- Ritualöl: Zimt mit Olivenöl

- Kerzen: zwei weiße und eine lila Kerze

Die Kerzen werden wie folgt aufgestellt: In der Mitte des Tisches links eine weiße, mittig die lila, rechts wiederum eine weiße Kerze. Vor den drei in der Mitte befindlichen Kerzen wird ein Symbol aufgestellt. Beispiele: Wenn vorhanden, ein Gruppenbild von der Betriebsfeier, dem -ausflug, oder Sie fertigen eine Skizze des Raumes mit jeweiligen Schreibtischen und Sitzplätzen der betreffenden Personen an, oder Sie stellen die Tarotkarte »Schwerter VII«, die Ihre derzeitige Befindlichkeit darstellt, jedoch Auswegsmöglichkeiten anzeigt, vor die Kerzen. Zur Verstärkung und Hilfe können Sie noch einen Kristall (siehe Kapitel VI unter »Die heilende Kraft der Steine«) dazulegen.

Auf ein weißes Blatt Papier oder, wenn möglich, Pergament, schreiben Sie in sauberer Schrift Ihren vorbereiteten Vortragstext. Nachstehend ein Beispieltext, den Sie Ihrem speziellen Zweck entsprechend abändern bzw. neu formulieren können:

»Raphael, Hüter des östlichen Tores,

Sende die starken Energien des Geistes,

Zu meinem Schutz und zur Unterstützung.

Wahrheit und Reinheit werden sich durchsetzen.

So trage ich einen Schutzschild,

Den nichts durchdringen kann:

Die Kraft der Ehrlichkeit,

Die Kraft des Mutes.«

Das Blatt legen Sie vorn auf den Tisch.

Weitere Vorbereitungen sind wie in Kapitel II beschrieben zu treffen.

Ablauf des Rituals:

Mit einem Streichholz zünden Sie die zwischen den vorn links und rechts aufgestellten Altarkerzen stehende weiße Kerze an und mit dieser die Altarkerzen. Es folgt das Salben der mittig stehenden Kerzen. Danach zünden Sie das Räucherwerk an. Alle weiteren Kerzen werden wiederum mit der vorn stehenden weißen Kerze im Gegenuhrzeigersinn angezündet, und zwar

- die links stehende weiße Kerze mit etwa folgender Formulierung: »Man verfolgt mich mit Mobbing und redet schlecht über mich. Dagegen setze ich die Kraft der Ehrlichkeit und Reinheit, so daß es mich nicht mehr berührt.«

- die mittig stehende lila Kerze mit etwa folgender Formulierung: »Die destruktiven Energien nehme ich nicht an. Ich bündele sie in einen Strahl lichtvoller Energie ein und sende sie zurück an die Absender.«

- die rechts stehende weiße Kerze mit etwa folgender Formulierung: »Das zurückgesandte lichtvolle Strahlenbündel reinigt, schafft Gedankenklarheit und eine entspannte Atmosphäre.«

Entspannung und Konzentration auf die Visualisierung der Vorstellung, z.B. daß die Intrigen bereits aufgedeckt wurden und Ihnen keine Bösartigkeit seitens anderer etwas anhaben konnte und nunmehr eine entspannte Atmosphäre herrscht, in der es sich gut arbeiten läßt und in der Sie Ihre volle Leistungskraft einsetzen können. Sie sind anerkannt und von Kollegen und Vorgesetzten geschätzt.

Nach einigen ruhigen, tiefen Atemzügen tragen Sie Ihren Ritualtext vor. Diesen wiederholen Sie so oft, bis die Konzentration und die Überzeugungskraft nachläßt. Vergessen Sie nicht, zwischendurch immer eine kleine Atempause einzulegen. Nun entspannen Sie sich in einer meditativen Phase und beenden anschließend das Ritual, indem die Kerzen in umgekehrter Reihenfolge gelöscht werden.

XI. Lebensabend

Gesundheit und Wohlbefinden

Neben einer geordneten Lebensweise und gesunder Ernährung, wofür es gute und ausreichende Fachliteratur gibt, ist es vornehmlich auch im Alter wichtig, die Widerstandskraft zu stärken und Lebensfreude zu erhalten. Neben leichtem Bewegungstraining, das den Kreislauf, den Bewegungsapparat und die Muskeln in Form hält, eignet sich zur Stärkung des Immunsystems wiederum vorzüglich die Sauna. Es gibt keine Alterseinschränkungen. Abstand nehmen von einem Saunabesuch muß man allerdings bei einer hochgradigen Verhärtung der Blutgefäße, vor allem der Herzkranz- und Gehirngefäße. Sicherheitshalber ist der behandelnde Arzt zu befragen. Ansonsten bedeutet die Sauna keine Herzbelastung.

Vorteile des Saunens: Der Zellstoffwechsel wird angeregt, die regelmäßige Entwässerung und Entgiftung des Gewebes verhindern weitgehend Ablagerungen von Krankheitsstoffen, Anregung des altersmäßig verringerten Zellstoffwechsels, Durchblutungssteigerung der Haut mit der Folge einer besseren Zellversorgung und dadurch ein frischeres Aussehen. Nicht zu vergessen sind neben der Pflege und der Erholung die Stunden der Geselligkeit mit den Saunagefährten/-innen. Über die Durchführung eines Saunabades wurde ausführlich unter Kapitel V »Indianische Schwitzhütte – Geheimnis Sauna« geschrieben. Auch oder gerade im vorgeschrittenen Alter kann man die »Magie der Saunawelt« genießen.

Selbstverständlich sollte man sich auch weiterhin an ein gepflegtes Äußeren erfreuen. Das hat nichts mit »Aufputzen« oder »Lackieren« zu tun. Schon gar nicht mit unpassender Kleidung als eine Art »Modepuppe«. Jetzt sollte man seinen Typ kennen, pflegen und sich entsprechend schick/sportlich/elegant kleiden.

Die bereits in Kapitel V unter »Integration – Desintegration von Schwingungen« aufgeführte *Harmonisierungs-Übung* sowie das Ritual: »Lebenskraft und Gesundheit« sind besonders zu empfehlen.

Lebenssinn und Erfüllung

Es ist leider oftmals so, daß mit zunehmendem Alter ein Gefühl der Leere entsteht. Man fragt sich: »War das alles? Was habe ich versäumt? Lief das Leben an mir vorbei?«

Die Antwort: Es wurde ein Leben der geltenden Norm entsprechend geführt, nach den Konditionierungen von Elternhaus, Schule, Ausbildungsstätte, nach Regeln und kirchlichem Dogma. Hier wird der Maßstab vorwiegend an Macht, Besitz, soziale Stellung und Leistung gelegt. Der Mensch wird auf Grund seiner äußerlichen Erfolge geschätzt, und es wird vorausgesetzt, daß bei Erreichen dieser Ziele der Mensch glücklich sei. Nach menschlichen Qualitäten wird wenig gefragt.

Bereits in der Kindheit werden die Grundsteine für eine Art »Glücks-Verbot« gelegt. Persönlichkeitsbildung ist nicht gefragt, dafür galt das »Leistungsprinzip« als erstrebenswert, das Arbeit, Leistung Ehrgeiz, Anpassung beinhaltet, was gleichzeitig Verzicht auf freie Entfaltung der Persönlichkeit bedeutet. Negierung jeglicher spiritueller Bestandteile und Entwicklungsmöglichkeiten des Lebens.

Lebensfreude, die wahren Bedürfnisse eines Menschen, die freie Entfaltung kreativer Kräfte und Glücksgefühle werden auf »später« verschoben. Für den Menschen wichtige Lebensgebiete wie Persönlichkeitsstärkung, Förderung der Intuition, Entwicklung der Kreativität, Wissen über Körperfunktionen, Ernährung und Sachkunde über Sozial- und Partnerverhalten sowie alternative Wissensgebiete und Methoden werden in der Erziehung nicht berücksichtigt.

Leider viel zu wenig Menschen machen sich die Mühe, auf ihrem Lebensweg darüber bewußt nachzudenken, daß ihre Wertvorstellungen, ihre Illusionen bezüglich Glück und Erfüllung von außen, durch andere Menschen, durch materiellen Gewinn und Statussymbole eine Täuschung sind. Andere wieder hegen den Gedanken, daß die Lösung aller Probleme sowie Erlösung erst durch den Tod erreicht werden könne. So entsteht eine Art »Tod-/Erlösungs-«, nicht zuletzt ein »Belohnungs«-Syndrom.

Verkrüppelt und fremdbestimmte Wege zu gehen, läßt viele Menschen Ersatzbefriedigungen suchen: in Scheinwelten, wie sie uns oft, zu oft durch Film-, Fernseh- und Groschenheftromantik vorgegaukelt werden, im Konsumrausch, in Genußgiften, Drogen, Medikamentenmißbrauch, diversen Ausschweifungen, die die natürliche Erlebensfähigkeit abstumpfen und die Lebensqualität weiter und weiter herabsetzen.

Erst durch lange Irrwege des Lebens, wenn sich körperliche und seelische Schäden zeigen, das Schicksal hart zugeschlagen hat, beginnen *einige* zu begreifen, daß sich das »Glück« nicht in Normvorstellungen und -idealen finden läßt, sondern, daß das Glück nur gefunden werden kann, wenn Einklang besteht zwischen der Innenwelt: Seele, Geist und Körper, und der Außenwelt.

Zum Glück aber muß man bereit sein. Alte Programmierungen müssen aufgegeben werden. Hierzu gehört Trennung von alten Maßstäben und Verhaltensweisen, die bisher nur Unglück gebracht haben, Aufarbeitung negativer Erfahrungen, Lösung von Schuldgefühlen.

Leider ist es für den einzelnen sehr schwer, zu erkennen, worin die Fehler der Vergangenheit lagen. Oftmals wird man durch das Erkennen der Zwänge und des Leids und der versäumten Möglichkeiten erst bewußt unglücklich. Das Aufgeben von Verhaltensweisen, Richtlinien, blinder Anhänglichkeit an Dogmen, erzeugt oftmals Ängste und geschieht nicht ohne Schmerz. Es braucht Zeit zur Gewöhnung, ehe die gestürzten Götzen keinen Schaden mehr anrichten können.

Wenn man diese Ablösungphase durchhält, geht man als gereifte Persönlichkeit daraus hervor.

Harmonie und die Kraft der heilenden Liebe

Auf dem Weg zum Selbst ist es wichtig, zur Ruhe zu kommen und ein Gefühl der Dankbarkeit gegenüber dem Schöpfer und der Schöpfung zu entwickeln. Das heißt vor allem, sich selbst mit allen Fehlern und Schwächen anzunehmen. Erst dann kann sich die Liebesfähigkeit voll entwickeln. Man entwickelt Verständnis für die Licht- und Schattenseiten anderer, wird toleranter, kann sich selbst und anderen verzeihen.

Geben Sie auf, sich selbst und andere unter Druck zu setzen. Dazu gehört auch der »Leidensdruck«, der exzessiv erlitten, oftmals regelrecht genossen wird, um Zuwendungen anderer zu erreichen. Zuwendungen sollten nicht durch Leiden und Verbreitung dauernder Tristesse erreicht werden, sondern durch eine lebensbejahende, während der Höhen und Tiefen eines Menschenlebens erkämpfte Reife der Persönlichkeit, die in Güte, Verständnis, Geduld und dem Annehmen des »Anderssein« gipfelt und auf ihre Umgebung entsprechend positiv ausstrahlt.

Es ist auch nicht mehr die Zeit, sich für andere verantwortlich zu fühlen. Wenn Sie Kinder haben, sind diese nun sicherlich erwachsen und müssen ihren Weg eigenverantwortlich gehen. Entlassen Sie sie ins Leben. Für Sie selbst ist es an der Zeit, einen neuen Weg zu gehen.

Die im Laufe des Lebens gebrachten Opfer sollten nun akzeptiert werden, denn diese sind oftmals notwendig, um größere geistige Fähigkeiten, Würde und Großzügigkeit im

Denken und Handeln zu erlangen. Die Änderung Ihres Verhaltens führt zur Befreiung und zu einem erfüllten Lebensabend. In der Meditation können Sie Ruhe finden. Durch die Entspannung des Geistes wird man frei, und es beginnt der Prozeß des liebevollen Annehmens. Eine solche Meditation können Sie jederzeit durchführen. Bei dem anschließend beschriebenen schlichten Ritual sind für den Beginn die besonders günstigen Zeitpunkte angegeben.

Blumen-Meditation

Setz Dich hin und sieh Dir eine Blume an!

Nimm Dir Zeit und spüre jeder Ader nach,

die das Leben birgt.

Erfasse die Farbe,

die sich in vielschichtigen Tönungen fächert.

Und atme den Duft, der Sehnsüchte stillt.

Sieh Dir die Blume an, versinke tief in ihrem Anblick ...

Wenn Du nun die Augen schließt,

wird ihre Schönheit in Dir nachblühen.

Einst wirst du sehen, daß sich der Himmel in Dir spiegelt ...

Ritual: Inneren Frieden finden

- Energie: Wasser
  Der Erzengel des Wasserelements ist Gabriel.

- Himmelsrichtung: Westen

- Planet: Venus

- Zeitpunkt: Freitag

Das Ritual ist insgesamt an sechs aufeinanderfolgenden Freitagen auszuführen.

- Günstige Uhrzeiten: 07.00-08.00 Uhr
  14.00-15.00 Uhr
  21.00-22.00 Uhr

- Mond:
  1. Beginn bei zunehmendem Mond: Hier ist darauf zu achten, daß die Kerzen zur Kompensation der positiven Kraft gegen den Uhrzeigersinn angezündet werden;
  2. Beginn bei abnehmendem Mond: Hier müssen die Kerzen im Uhrzeigersinn angezündet werden!

- Räucherwerk: Weihrauch, Rosenblütenblätter, Lavendel

- Ritualöl: Benzoe und Kamillenöl

- Sie können eine entspannte, friedvolle Stimmung schaffen, indem Sie eine harmonische Musik auflegen.

* Kerzen: drei weiße und eine grüne Kerze

Die Kerzen werden wie folgt aufgestellt: Eine weiße Kerze ganz vorn und in der Mitte des Tisches links eine weiße, in der Mitte die grüne, rechts eine weiße Kerze. Vor den zwei in der Mitte stehenden Kerzen wird ein Symbol, das Ihnen besonders gefällt: eine kleine Vase mit Blumen, ein Bild mit einer friedlichen Landschaft, ein schöner Stein oder ein Votivbild, plaziert.

Darunter formulieren Sie in Kurzform Ihren Wunsch, den Sie beim Anzünden der Kerzen verwenden. Beispielsweise folgende kurze Formulierung: »Dieser Platz strömt Ruhe und Frieden aus. Hier atme ich Harmonie ein und atme alles Störende aus. Ich bin erfüllt von Frieden und Harmonie.«

Als Vortragstext schlage ich ein Gebet oder Gedicht vor. Sie können auch die vorher beschriebene Blumenmeditation, umgeschrieben in Ichform, dafür einsetzen.

Beispielsweise: »Ich setze mich hin und sehe mir eine Blume an ...« Den aufgeschriebenen Text legen Sie vorn auf den Tisch. Danach wird der Weihrauch angezündet und der Raum gereinigt.

Ablauf des Rituals:

Mit einem Streichholz zünden Sie die vorn bei den Altarkerzen stehende weiße Kerze an. Es folgt das Salben der mittig stehenden Kerzen. Danach wird das Räucherwerk angezündet. Alle weiteren Kerzen werden mit der weißen Kerze in der oben beschriebenen Richtung angezündet, und zwar jeweils mit der kurzen Wunschformulierung. Danach entspannen Sie sich kurz und konzentrieren sich dann auf die Visualisierung Ihres Wunsches nach Ruhe, Frieden und Harmonie mit der Vorstellung, daß der Wunsch bereits verwirklicht ist. Nach einigen ruhigen, tiefen Atemzügen tragen Sie Ihren Ritualtext vor. Lassen Sie sich von einem friedvollen Glücksgefühl durchströmen.

Danach entspannen Sie sich in einer meditativen Phase und beenden anschließend das Ritual, indem Sie die Kerzen in umgekehrter Reihenfolge löschen.

XII. Schlußwort

Der Weg in die Zukunft

Machen Sie sich frei von Konditionierungen, frei von Wertvorstellungen, die Ihren eigenen nicht entsprechen. Prüfen Sie, was Sie von moralischen und religiösen Wertvorstellungen übernehmen können, und machen Sie sich frei von übertriebenen Moralzwängen, wie etwa »ich muß immer für meine Familie verfügbar sein« oder »ich muß meine eigenen Interessen opfern«. Widerstehen Sie bigotten, fanatischen sowie Zwängen aller Art, welcher institutioneller, spiritueller und politischer Richtung auch immer. Nehmen Sie sich an, stehen Sie zu sich selbst. Außer der liebenden Schöpferkraft, die nicht mit kleinlichem Maßstab mißt, Ihr tiefstes Innerstes kennt und annimmt, sind Sie niemandem außer sich selber für Ihre Haltung verantwortlich.

Setzen Sie sich nicht selbst unter Zwang:
Wer leidet, wenn er sich für andere müht und einsetzt,
Wer leidet, weil er sparsam ist, damit er geben kann,
Wer leidet, weil er lernen, arbeiten oder pflegen muß,
Wer leidet, weil er seinen Angehörigen oder anderen hilft,
Wer leidet und klagt, sein Leben wäre dadurch unglücklich,
der hat das Lebensziel nicht begriffen, sein ganzes Mühen war umsonst, weil er alles, was er tat, ungern getan hat.

Setzen Sie nicht andere unter Zwang:
Wer von anderen verlangt, daß sie sich opfern,

Wer von anderen verlangt, Gefühle und Gedanken zu erraten,
Wer von anderen verlangt, sein Leben nach ihm auszurichten,
Wer von anderen verlangt, sich Wertvorstellungen zu beugen, der steht eines Tages mit leeren Händen und leerem Herzen da.

Wenn Sie geben, geben Sie freudig,
Wenn Sie annehmen, nehmen Sie dankbar an;
Wenn Sie Hilfe leisten, dann mit offenem Herzen,
Wenn Sie Hilfe erhalten, sehen Sie die Güte des Helfenden,
Wenn Sie lieben, dann ohne Bedingungen,
Wenn Sie geliebt werden, nehmen Sie die Liebe als Geschenk.
Wenn Sie Pflichten nachgehen, dann ohne zu murren,
Wenn man Ihnen Pflichten abnimmt, seien Sie dankbar,

Gönnen Sie sich Ruhepausen, stärken Sie Ihren Körper, erweitern Sie ständig Ihr Wissen, gehen Sie spirituelle Wege!

»Glück ist nicht das, was einem außenstehenden Betrachter als solches erscheint, sondern das, was man in seinem innersten Wesen als Glück empfindet.«

Die Empfindung des Glücks ist etwas, was aus einem selbst entsteht. Sie stellt sich ein, wenn wir den Weg beschreiten, der unseren Vorstellungen entspricht. Dazu gehört jedoch zunächst Bereitschaft. Die Kraft dazu erhalten wir, wenn wir Aggressionen, Ärger, Streit, Habgier, Neid und Aufregungen, die negative Reaktionen auslösen, oder im Gegensatz dazu ausschließlich ängstliches Reagieren in verschiedensten Situationen als Verschleudern wertvoller Lebenskraft erkennen, diese Energie umformen, indem wir sie sinnvoll einsetzen. Dazu bietet dieses Buch wertvolle Anregungen und Hilfen.

Es gilt, die Fähigkeit zu entwickeln, Hier und Jetzt zu leben und wie die Wogen des Meeres das Auf und Ab unseres Lebens zu akzeptieren, daraus zu lernen und letztendlich unsere Erfüllung in der freien Schwingung zu finden.

Dann haben wir das Licht in uns befreit, und wir betrachten diese Welt auf eine neue Weise, dankbar für die Wunder der Schöpfung, dankbar für die Chancen unserer Entwicklung in Freud und Leid. So finden wir das Glück im Gleichgewicht zwischen passiv und aktiv, der Harmonie zwischen Seele-Geist und Körper, in der Fähigkeit, die inneren Anlagen in der Außenwelt zu realisieren. In dieser Harmonie verspüren wir ein Gefühl der Befreiung, der Freude und des tiefen Glücks.

Möge Ihnen Ihr verantwortungsvolles Handeln, vertrauensvoller Glaube an die liebende Schöpferkraft und tiefes Wissen um die Kraft Ihres Herzens auf dem Weg zu Glück und Erfüllung hilfreich sein, damit Sie die gewünschten positiven Veränderungen erzielen.

Schütteln Sie Zwänge ab, und leben Sie Ihr eigenes Leben! Und denken Sie daran:

Der Weg in die Zukunft wird getragen von der Kraft des Glaubens. Wie auch immer Sie die höchste liebende Schöpferkraft benennen wollen, aus welchem Religions- oder Glaubensbereich Ihre Anrede stammen mag, wenn Sie aus dem tiefen Empfinden Ihres Herzens sprechen, werden Sie

Schutz, Hilfe und Antwort erhalten. Die Antwort, das Geschehen, mag zwar oftmals nicht Ihren augenblicklichen Wünschen entsprechen, doch wir Menschen kennen nicht die geheimnisvollen Wege die uns wachsen, reifen und weiter entwickeln lassen.

Ich wünsche Ihnen von ganzem Herzen Mut, Kraft, Standhaftigkeit und zielgerichtetes Wandern auf dem irdischen Weg, der nicht nur mit dem »ersten Schrei«, sondern ständig neu beginnt, eine stetige Wandlung bedeutet, und dessen Ziel erfülltes Leben heißt.